高等职业教育汽车类专业系列教材

新能源汽车空调检修技术

主　编　刘学军　袁立方　何科宇

副主编　陆　芸　张俊宇　兰斌富

参　编　林　松　毛献昌

西安电子科技大学出版社

内 容 简 介

    本书通过对使用与维护新能源汽车空调、回收与充注新能源汽车空调制冷剂、检修新能源汽车空调系统、检修五菱 G100 汽车空调系统四个项目、多个任务的详细解析，使读者不仅能够深入了解新能源汽车空调的原理、构造、常用类型以及空调系统故障的原因，而且能够掌握空调系统常见故障类型及其诊断方法，帮助读者提升解决实际问题的能力。

    本书是一本关于新能源汽车空调检修的专业技术指导书，通俗易懂、实用性强。

    本书不仅可作为高等职业院校新能源汽车检测与维修专业的教学用书，也可作为新能源汽车类职工大学、业余大学、函授大学以及中等专科学校的教材或教学参考书，还可作为新能源汽车技术人员的培训教材及参考用书。

图书在版编目(CIP)数据

新能源汽车空调检修技术 / 刘学军，袁立方，何科宇主编. -- 西安：
西安电子科技大学出版社, 2025. 7. -- ISBN 978-7-5606-7577-0

Ⅰ. U469.703

中国国家版本馆 CIP 数据核字第 2025JL7411 号

策　　划　周　立
责任编辑　周　立
出版发行　西安电子科技大学出版社(西安市太白南路 2 号)
电　　话　(029)88202421　88201467　　　邮　　编　710071
网　　址　www.xduph.com　　　　　　　　电子邮箱　xdupfxb001@163.com
经　　销　新华书店
印刷单位　陕西日报印务有限公司
版　　次　2025 年 7 月第 1 版　　　　　2025 年 7 月第 1 次印刷
开　　本　787 毫米×1092 毫米　1/16　　印　　张　10
字　　数　230 千字
定　　价　39.50 元

ISBN 978-7-5606-7577-0

XDUP 7878001-1

*** 如有印装问题可调换 ***

前　言

　　随着全球能源结构的转型和环保意识的提升，新能源汽车已成为未来交通出行的重要发展方向。新能源车与燃油车的差异不仅仅体现在动力系统上，其空调系统也有着截然不同的设计原理和工作方式。新能源汽车空调系统的冷源、热源和其他能源大多来自其电池系统。对于新能源汽车来讲，汽车空调不仅直接影响驾驶舒适性，还影响其续航里程、使用寿命以及用户的使用体验。因此，掌握新能源汽车空调系统的检修技能，对于保障新能源汽车的稳定运行，提升用户体验，推动新能源汽车产业的健康发展具有重要意义。

　　本书从学生身心特点和思想实际出发，全面贯彻党的教育方针，落实立德树人根本任务，突显职业教育类型特色，以培养学生坚定的理想信念、良好的人文素养为目标，将专业理论基础、专业知识、实践能力、创新能力融为一体。

　　本书的编写突出以下特色：

　　(1) 落实立德树人根本任务。本书通过精心设计，将爱岗敬业、一丝不苟的职业品格和爱国情怀融入到专业内容中，通过弘扬精益求精的职业精神和工匠精神，培养学生的创新意识，激发爱国热情。

　　(2) 紧贴企业实际情况。本书一方面通过分析企业的实际用人需求，按照企业岗位职责的要求，提炼典型工作任务，剖析其技能与知识要求，使编写的内容符合学生未来就业岗位及职业发展方向要求；另一方面以培养学生专业能力、学习能力和社会实践能力为导向，按照新能源汽车职业教育教学模式的要求，学习内容面向工作过程。

　　(3) 精简教学内容。根据职业教育理论，知识传授应遵循"实用为主、够用为度"的准则，本书在编写时尽量压缩、简化理论知识的推导过程，增加一些实用性强、与生产实践相近的实例，力求通俗易懂，以适应高职高专学生的学习需求。

本书由广西交通职业技术学院刘学军、袁立方及广西水利电力职业技术学院何科宇担任主编，广西交通职业技术学院陆芸、张俊宇及南宁市第四职业技术学校兰斌富担任副主编。参与本书编写工作的人员还有广西交通职业技术学院林松、毛献昌。

在编写过程中，本书编者查阅了大量书籍、文献和资料，引用了一些网上资源，借鉴了某汽车厂维修手册。在此，全体编者向原作者们表示衷心的感谢！

由于编者能力有限，书中若有疏漏或不足之处，敬请广大读者批评指正。

编　者

2025 年 1 月

目　录

项目 1　使用与维护新能源汽车空调

项目描述

新能源汽车空调是指利用非传统燃料作为驱动能量，实现对车厢内空气进行制冷、加热、换气和净化的装置。它是一种利用先进技术和系统来调节车内温度、湿度和空气质量的设备，旨在提供乘客和驾驶员的舒适性，同时减少对环境的影响。新能源车与燃油车的差异不仅仅停留在动力系统上，其空调系统也有着截然不同的设计原理和工作方式。新能源汽车空调系统的冷源、热源和其他能源大多来自其电池系统。新能源汽车空调系统通常由压缩机、冷凝器、膨胀阀、蒸发器和连接管路等组成，通过循环制冷剂来实现制冷和加热的功能。这种新型汽车空调系统具有节能、环保、智能化等特点，是未来汽车行业发展的方向。

本项目包含以下 3 个工作任务：

任务 1.1：识别新能源汽车空调系统部件；

任务 1.2：认识新能源汽车空调系统常用的检修工具；

任务 1.3：使用新能源汽车空调及更换空调滤清器。

任务 1.1　识别新能源汽车空调系统部件

任务目标

知识目标	技能目标	素养目标
了解新能源汽车空调系统的组成	会识别新能源汽车空调制冷系统 4 大部件	培养爱岗敬业的价值观，建立专业自信、实践创新的工匠精神
理解新能源汽车空调系统的工作原理	会判别新能源汽车空调制冷管路流程	

1.1.1　新能源汽车空调系统的用途

新能源汽车空调系统的用途是把经过处理的空气以一定的方式送入驾驶舱及乘客舱，从而将车内的温度和环境控制在一定范围内，以满足驾乘人员的舒适性需求，如图1-1所示。

图1-1　空调系统的作用

人们在一定的环境温度及大气湿度下会感到舒适，空调系统的最主要作用就是追求这种舒适性。车辆室内的舒适状态，取决于空气温度、湿度、空气流速和空气洁净度等指标。空调系统还可以预防或去除风窗玻璃上的雾、霜和冰雪，为驾乘人员提供良好的驾驶视野，改善驾驶员的驾驶条件，保障行驶安全。汽车空调系统除了保证驾乘人员的舒适性和驾驶安全性以外，还具有净化空气的作用。

1.1.2　新能源汽车空调系统的类型

不同于传统燃油汽车，新能源汽车使用的能源多样化。根据新能源汽车使用能源的不同，新能源汽车空调系统分为以下几种类型。

1. 纯电动汽车空调系统

电动汽车的空调系统需要依靠动力蓄电池作为能源，因为没有发动机可提供动力或余热，制冷功能依赖于电动压缩机作为动力源。由于电动汽车无法通过燃烧产生热能，且电动机散发的热量较少且难以回收利用，因此只能通过动力蓄电池进行加热。目前，有两种动力蓄电池加热方法：直接加热空气和通过冷却液加热空气。直接加热空气方法简单且热效率高，但存在一定的安全隐患；通过冷却液加热空气方法可以借鉴传统暖风散热器，但系统复杂且热效率较低。

2. 混合动力汽车空调系统

混合动力汽车是一种融合了发动机和电动机两种动力源的汽车，它通过复杂的动力耦合系统，使发动机和电动机既可以协同工作，也可以独立工作。其空调制冷系统根据驱动压缩机的动力来源进行不同配置：采用双压缩机空调制冷系统时，机械压缩机由发动机驱动，电动压缩机由车辆高压电池供电驱动；纯电模式下，发动机不工作，空调系统使用电动压缩机；也可以采用带电动机的压缩机总成，不再由发动机驱动；供暖系统采用发动机冷却液和 PTC 加热器实现；在发动机冷却液温度较低时，完全由 PTC 加热器加热冷却液，发动机工作后，冷却液温度逐渐升高，PTC 加热器逐渐降低功率，直至停止工作。

3. 燃料电池汽车空调系统

燃料电池汽车是一种燃料化学能转化为电能以提供动力的新能源汽车。其制冷系统通常采用两种方式：第一种方式与纯电动汽车类似，其制冷空调压缩机由电动机驱动，电池组的直流电经逆变器为空调压缩机驱动电机供电，空调电机带动压缩机旋转，从而形成制冷循环；第二种方式则利用燃料电池产生的余热作为热源，通过吸收式制冷系统实现制冷。燃料电池电动汽车的供暖系统主要利用燃料电池产生的余热。

1.1.3　新能源汽车空调系统的组成及主要部件

新能源汽车空调系统主要由通风系统、制冷系统、暖风系统、空气净化系统和控制系统组成。

1. 通风系统

汽车空调要向驾乘人员头部、脚部、左右方向送出冷风、热风或新风并向风窗送风除霜除雾，所以有一套比较复杂的风门控制系统。空调系统中的空气首先流经一条曲折的通道，从进风口流动到出风口，然后被分配到整个车内，这套管道多数是用模压塑料或是软性吹制塑料制成的，在通道上面配置加热器、风门等部件即组成了暖通空调的空气分配系统。

风门控制系统通过调整不同模式下的阀门位置，可控制风道中冷风、热风和外部空气的混合比例，通过操作空调面板上的送风模式开关，可以将气流由风道系统和出风口输送到驾驶室内。图 1-2 所示为新能源汽车通风系统的组成。

新能源汽车空调的通风方式一般有动压通风、强制通风和综合通风三种。

动压通风利用车辆前进时产生的速度和气流压力差，通过合理的设计和布局，将外部新鲜空气引入车内，同时将车内的废气排出。动压通风可以通过通风口、隐蔽式通风孔、气流引导装置等方式来实现。它不依赖于车辆的线路电力供应，因此节能环保。

汽车强制通风是指通过车辆内置的机械设备，如风扇或通风系统，主动引入和排出空气，以保持车内空气的清新和舒适。强制通风系统中，使用鼓风机强制空气流过汽车。进气口和排气口一般与动压通风的风口在相同的位置。

汽车综合通风是指利用多种通风方式和设备，以达到最佳的室内空气流动效果和良好的驾乘环境。它综合了自然通风技术和强制通风技术，在车辆低速行驶时采用强制通风，高速行驶时采用动压通风。目前小型汽车上均采用了综合通风的方式。

车外热空气

暖风热交换器

空气混合风门

进气模式
风门

除霜风口

鼓风机

脚部出风口

蒸发器

中央出风口

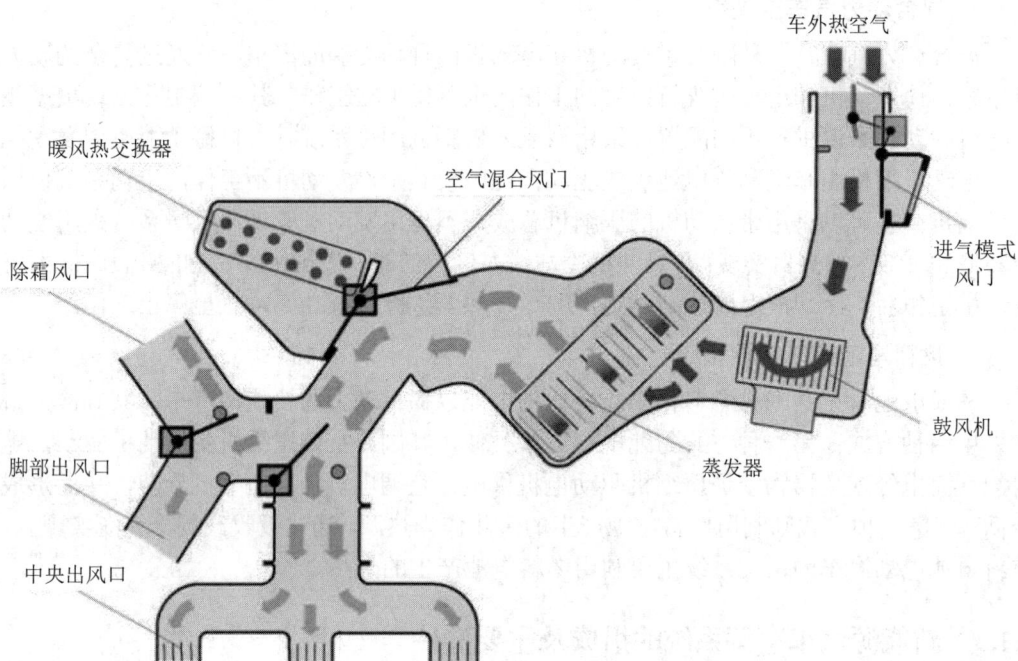

图 1-2　新能源汽车通风系统的组成

2. 制冷系统

制冷系统的作用是对车内空气或由外部进入车内的新鲜空气进行冷却，从而降低车内温度。新能源汽车空调制冷系统与传统汽车空调制冷系统的组成基本相同，主要差别在于压缩机的结构及驱动方式。传统汽车空调制冷系统中的压缩机是由发动机传动带带动进行工作的，无法对压缩机的转速进行有效调节。

纯电动汽车空调制冷系统与传统汽车空调制冷系统相似，但其中的主要差异在于压缩机的结构和驱动方式。在纯电动汽车中，压缩机由变频器控制器驱动，将动力蓄电池提供的高压直流电逆变为可调的交流电。这些可调的电压和频率用于驱动电动压缩机，以调节制冷系统的运行和温度控制。

混合动力汽车的空调压缩机驱动方式多样化。中混合式车辆可以采用双驱动压缩机，空调系统由传动带传动和电动机驱动兼顾。而强混合式车辆则经常采用电动压缩机，如涡旋式压缩机。驱动方式的多样性使得混合动力电动汽车能够根据需求灵活地调节空调制冷系统的运行和进行温度控制。

1) 制冷系统原理

新能源汽车空调制冷系统主要由电动压缩机、冷凝器、储液干燥器、热力膨胀阀、蒸发器及连接管路组成。在封闭的制冷系统内充注着制冷剂，制冷剂在压缩机的作用下循环流动，在冷凝器处由气态冷凝为液态，放出热量；在蒸发器处由液态蒸发为气态，吸收热量，从而降低车内的温度。上述过程周而复始地进行，便可达到降低蒸发器周围空气温度的目的。其系统原理如图 1-3 所示。

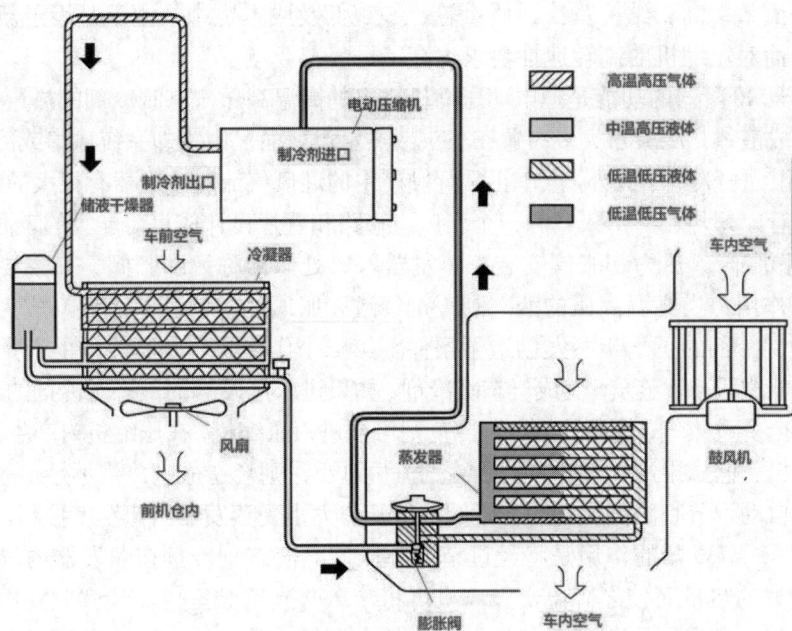

图 1-3 新能源汽车空调制冷系统原理

2) 制冷系统的主要组成部件

新能源汽车空调制冷系统的主要组成部件有电动压缩机、冷凝器、热力膨胀阀、蒸发器、储液干燥器以及连接管路等辅助装置，如图 1-4 所示。

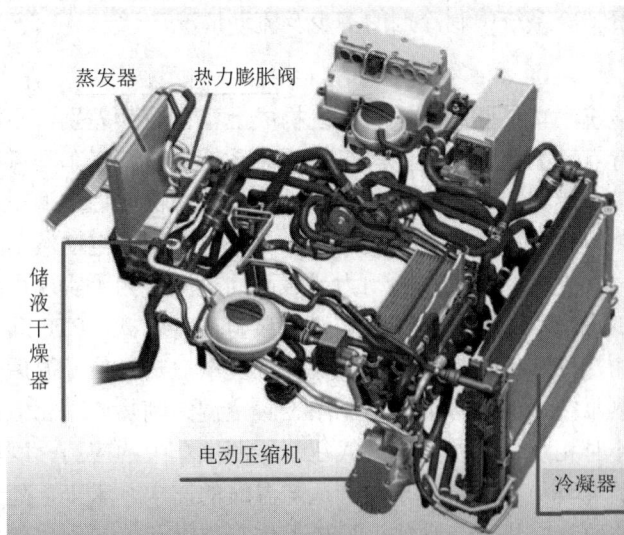

图 1-4 新能源汽车空调制冷系统主要组成部件

(1) 电动压缩机。空调压缩机是制冷系统的心脏，其功能是保证制冷剂在系统中的循环流动，吸入来自蒸发器的低温低压气态制冷剂，将其压缩成高温高压状态后送往冷凝器。压缩机作为新能源汽车上耗能较大的零部件，其性能的好坏直接影响汽车的续驶里程，故压缩机必须做到效率高、结构紧凑、质量轻、噪声低及成本适中，由于是用于新能源汽车的压缩机，因而对压缩机的高转速性要求也高。

(2) 冷凝器。冷凝器的功能是把电动压缩机排出的高温高压气态制冷剂的热量传给大气，使制冷剂冷凝成液体。冷凝器大多布置在车头散热水箱前面，由冷却系统风扇或冷凝器风扇或两者共同对其进行冷却。此外，汽车正常行驶产生的迎风气流对冷凝器有很大的散热效果。冷凝器含有铝管、翅片、一个入口和一个出口。管路和翅片设计成尽可能大的表面积。

(3) 热力膨胀阀。热力膨胀阀安装在蒸发器入口处，常称为膨胀阀。其主要作用有两个。一是节流作用，当高温高压的液态制冷剂经过膨胀阀的节流孔节流后，成为雾状的液体制冷剂，为制冷剂的下一步蒸发创造了条件。第二个作用是控制制冷剂的流量，当雾状制冷剂在蒸发器内吸热，蒸发，变成气态制冷剂，如果进入蒸发器的液态制冷剂的流量过大，不能靠吸热完全变成蒸气，残存的液态制冷剂则可能进入压缩机，在压缩机内产生液击现象，可能损坏压缩机。但如果进入蒸发器的制冷剂流量过小，则会造成制冷量不足。故在系统中安装了一个可自动调节制冷剂流量的膨胀阀，其开口大小受蒸发器出口温度控制。

(4) 蒸发器。蒸发器的作用是将经过节流降压后的液态制冷剂在蒸发器内汽化，吸收蒸发器周围空气的热量而使之降温，鼓风机再将冷风吹到驾驶室内，让驾驶室内的空气冷却并去除水蒸气。蒸发器通常位于仪表台下方的空调箱壳体总成内。它的组成部件有螺旋管和翅片以及入口和出口管，翅片多数为铝合金制成的热交换材料。

(5) 储液干燥器。储液干燥器能储存来自冷凝器的多余液态制冷剂，可以起到保护系统的作用。其被用于装有热力膨胀阀的空调系统中，位于系统冷凝器和热力膨胀阀之间的高压侧。储液干燥器包括储存瓶、过滤器、干燥剂和提取管路。储液干燥器在制冷系统运行时，能对制冷剂进行过滤、干燥吸湿和储存多余的制冷剂。在储液干燥器的上方装有一个视液镜，用以观察制冷系统中制冷剂的多少及流动情况。

3. 暖风系统

新能源汽车与传统汽车在驱动方式、系统构成上存在较大差别，不同类型的新能源汽车又有不同的结构特点，因此，新能源汽车的暖风系统与传统汽车暖风系统也存在较大区别。对于纯电动汽车、燃料电池电动汽车而言，没有发动机作为空调压缩机的动力源，也无法利用发动机余热以达到取暖及除霜的效果；对于混合动力电动汽车来说，发动机因其控制策略，不能随时作为制冷压缩机的动力或暖风的热源。为了实现供暖效果，新能源汽车主要采用 PTC 暖风加热器、热泵空调、电加热装置三种方式。PTC 暖加热器和电加热装置的工作过程是先加热冷却液，然后由鼓风机吹过暖风散热器使升温后的冷却液放热，从而提高车内温度。热泵空调的制热原理与家用冷暖空调的制热原理相似，制热过程中制冷剂的流动方向与制冷时相反。这些供暖方式在新能源汽车中的应用，既考虑了能源效率和环保性能，也满足了驾驶员和乘客对车内舒适与温暖的需求。未来，随着技术的发展，新能源汽车暖风系统的研究将进一步深化，以提高供暖效果和能源利用效率，为用户提供更好的驾乘体验。

4. 空气净化系统

空气净化系统一般由鼓风机，空气过滤器，杀菌器，负氧离子发生器，以及进、出风口等组成。空气净化方式有空气过滤式和静电集尘式两种。

1) 空气过滤式

如图 1-5 所示为空气过滤式净化方式，其在空调系统的进风口和回风口设置过滤器，具有结构简单、工作可靠等优点，但气流阻力大，功能单一。

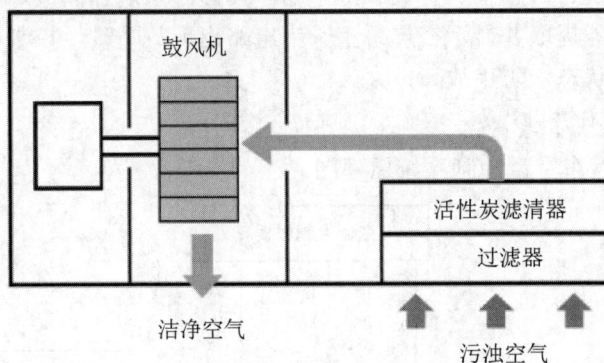

图 1-5 空气过滤式净化方式

2) 静电集尘式

图 1-6 所示为静电集尘式空气净化装置结构示意图。静电集尘式空气净化方式通过增设静电集尘装置在空气过滤器的基础上进行空气净化，利用高压电极产生电场，使空气电离并带电，进而使带电尘粒在电场作用下产生定向运动，最终沉降在正、负电极上，实现对空气的过滤和集尘。首先灭菌灯通过放出紫外线照射吸附在集尘板上的尘埃，从而杀死尘埃中的细菌。除尘后的空气再经过活性炭滤清器处理，去除其中的烟尘和臭味。对于无法被活性炭吸附的有毒气体，催化反应器将其转化为无毒气体。负离子发生器提供负离子，增加空气中的负离子含量。最后，通过鼓风机将净化后的空气送入车内，为乘车人员创造一个清洁、健康的空气环境。

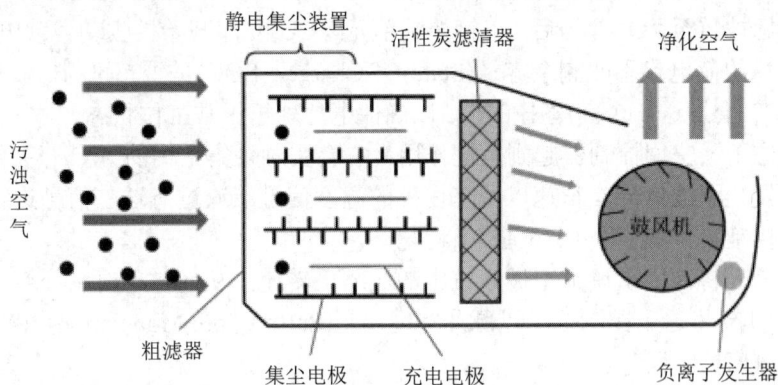

图 1-6 静电集尘式空气净化装置结构示意图

5. 控制系统

1) 控制系统的组成

新能源汽车空调控制系统由传感器、控制器、执行装置和自诊断系统组成。传感器负责采集和反馈信息，包括环境温度传感器和空调温度传感器。控制器(Controller Area

Network，CAN)通过连接控制器高信号(CANH)和低信号(CANL)线路接收信息，计算处理接收到的信息并发出指令。控制器包括整车控制器(Vehicle Control Unit，VCU)、空调控制器、压缩机控制器和热敏电阻控制器。执行装置根据控制器指令实施行动，其包括各种电动机、鼓风机、压缩机、阀、泵、开关和继电器。自诊断系统存储故障信息，监测系统状态和元件工作情况，能提取并显示在屏幕上。当电路出现故障时，控制器发出指令，使空调系统进入故障安全状态，防止故障扩大。

2) 控制系统的工作原理

图 1-7 为新能源汽车空调控制系统原理图。

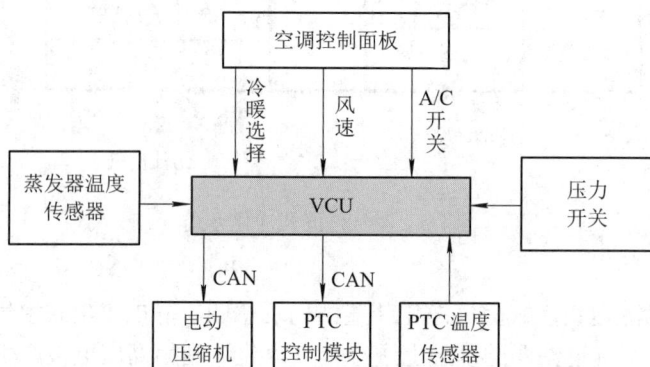

图 1-7　新能源汽车空调控制系统原理

传感器负责采集空调制冷情况、车内外温度等信息，输入 VCU。VCU 采集空调开关、压力开关、蒸发器温度、风速和环境温度信号，并经过运算处理形成控制信号。控制信号通过 CAN 总线传输给空调控制器，控制空调压缩机和执行装置。空调控制器调节车内空气的温度、湿度和流通状况，并将调节结果反馈给 VCU。VCU 进行比较、分析和处理，再传递给执行装置，通过反复调节达到预设要求。

当点火钥匙被转至"ON"挡后，车辆控制单元(VCU)立即开始接收动力蓄电池的信息。判断动力蓄电池的荷电状态即剩余容量(State-Of-Charge，SOC)是否超过 10%。如果 SOC 大于 10%，VCU 会发送一个高电压信号，以确保电池处于正常工作状态。

在制冷状态下，空调控制器起到关键作用。它会实时采集空调的 A/C 开关信号、压力开关信号、蒸发器温度信号、车速以及车内外的温度信号。通过对这些信号进行逻辑运算和处理，空调控制器生成一个 CAN 控制信号。

这个控制信号将被用于调节空调系统中的压缩机转速，从而实现对制冷效果的精确控制。同时，VCU 会将这个控制信号以脉冲宽度调制(Pulse Width Modulation，PWM)信号的方式，传输给风扇控制器。

风扇控制器接收到来自 VCU 的 PWM 信号后，会根据信号的变化来输出 0 到 12 V 之间的不同电压，从而调整风扇的转速。通过灵活控制风扇的转速，空调系统可以有效地调节车内空气流通和温度分布，提供乘客舒适的感受。

在供暖状态下，空调控制器的功能有所不同。它只需采集车内室温传感器的信号，并通过逻辑运算生成相应的 CAN 控制信号，用于调整正温度系数(Positive Temperature Coefficient，PTC)控制器的发热功率。

1.1.4　任务实施

实训题目	识别新能源汽车空调系统主要部件		
工具			
班级	时间		地点	

内　　容			

Step1. 导学

用户反映五菱 G100 车辆空调出现故障，按下 AC 开关，空调不制冷。请根据用户反馈的现象对车辆进行具体的诊断并予以解决。

老师带领学生一起分析完成用户委托所需具备哪些能力。

请在规定的时间内(360 min)，合理使用老师提供的资源完成用户委托。

Step2. 信息

1. 作业前准备。

(1) 首先保证规范的着装；

(2) 在车辆周围应当拉设　__安全围挡__　；

(3) 为了防止车辆着火，发生火灾，应当在作业前检查　__灭火器__　；

(4) 在车辆前方需要放置　__安全警示牌__　；

(5) 为了保证我们的安全，在工作前我们要穿戴好__安全帽、绝缘手套、护目镜/面罩、绝缘鞋__四件套。

2. 检查所需要用到的检修工具。

(1) 作业所需要用到的工具有：__歧管压力表、万用表__　；

(2) 在作业前需要检查维修手册、电路图是否完备；

(3) 在作业前要测量绝缘地垫的绝缘电阻，测量的标准值应当是大于 20 MΩ。

3. 基本知识。

(1) 整套空调系统由__压缩机、两台并联的蒸发器、一台冷凝器、连接管路__及相关的附件组成；

(2) 空调系统使用 __HFC-134a(R134a)__ 型制冷剂；

(3) 本空调系统制冷剂、压缩机油以及零部件与 CFC-12(R-12)空调系统之间是(可以/__不可以__)互换的 。

注意：在补充或更换制冷剂及压缩机油和在更换零部件时，务必令使用的材料或部件适用于装在正在被维修的汽车内的空调。只要有一件被错用，就会导致制冷剂渗漏，部件损坏或处于其他故障状态。

4. 空调系统任务实施。

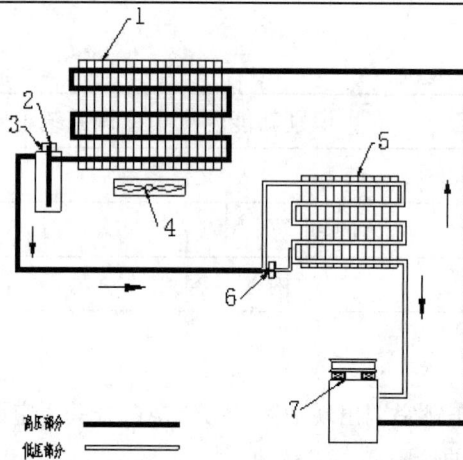

高压部分 ——————
低压部分 ——————

(1) 上图是空调系统的构成和制冷流程示意图，请根据图示写出相应标号名称。

1—_____　　2—_____　　3—_____　　4—_____

5—_____　　6—_____　　7—_____

(2) 空调系统冷凝器总成位于_____，附有冷凝风扇(电动 12 V、80 W)、储液干燥瓶，冷凝风扇的开停与压缩机同步，储液干燥瓶用来_____，以防空调系统出现冰堵、脏堵现象。

(3) 空调系统蒸发器有前置蒸发器和顶置蒸发器，前置蒸发器采用管带式结构，制冷量 2400 W，安装于 _____；顶置蒸发器采用管片式结构，制冷量 1400 W，安装于_____。两蒸发器内均有膨胀阀，主要用来节流降压，调节流量。

(4) 根据五菱 G100 车辆学员手册，指出下图中空调系统中的主要部件，并在汽车上查找主要部件的安装位置。

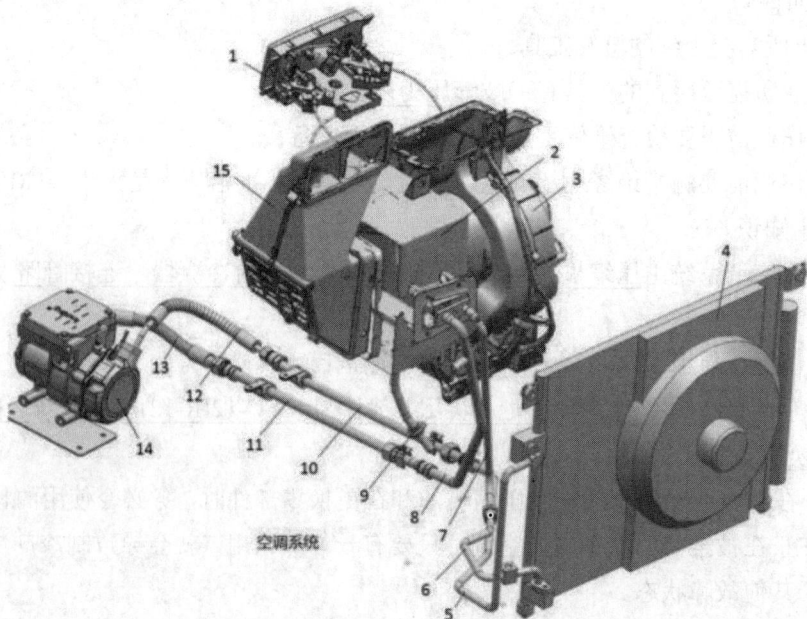

空调系统

Step3. 规划

1. 结合实训车辆写出车上空调部件的名称。

_____

_____

_____

_____

2. 小组讨论空调部件的功能，并根据功能形成系统流程海报进行展示。

_____

_____

_____

_____

Step4. 决策

根据与用户的交流信息及实车初步的功能检查所收集到的信息，在之前系统流程海报上完善所列出的识别空调系统主要部件操作流程。

_____

_____

_____

Step5. 执行

根据 Step4 罗列操作前的安全注意事项，决策所确定的流程并完成下列各项(如不涉及可不填)。

1. 安全注意事项：_____

2. 工作方案：

_____

_____

3. 场地、设备及车辆：

_____

_____

4. 在组长的组织下完成执行过程记录，形成展示的海报。

_____

_____

_____

Step6. 检查

1. 检查工具是否全部归位;
2. 检查设备是否全部归位;
3. 检查工作场地是否清洁。

_____

_____

_____

_____

_____

_____

Step7. 评判

自我反思,发现自己的不足,对实操过程进行总结和评价。或者针对实操过程中其他组的同学表现进行评价。评价指标不限于以下内容。

评价内容	评价指标(各项满分 10 分)	评价结果
工具设备	工具使用规范:有落地扣 1 分,工具选用错误扣 1 分,工具摆放凌乱扣 1 分,工具未清洁扣 1 分	
流程掌握	流程漏项扣 1 分,流程错误扣 3 分,没有流程为 0 分	
交流互助	由于交流不到位而导致工作不畅扣 1 分,实习过程中没有交流扣 1 分	
完成速度	第一得 10 分,第二得 8 分,第三得 7 分	
安全意识	在操作中出现安全隐患得分为 0,车辆保护未到位扣 2 分	

Step8. 系统化

通过老师对学习成果的总结,对预备知识和后续学习情景之间的联系进行记录,并记录下节课的学习任务。

任务 1.2　认识新能源汽车空调系统常用的检修工具

任务目标

知识目标	技能目标	素养目标
熟悉检修新能源汽车空调的常用工具	掌握检修新能源汽车空调的专用工具和设备	培养职业规范意识，严格遵守设备操作规程，养成严谨的工作态度

1.2.1　汽车检修常用工具和设备的使用

汽车检修常用工具包括必不可少的普通工具，有扳手、旋具、套筒、钳子、拉拔器、万用表等。

1. 扳手

扳手可分为开口扳手、梅花扳手、活扳手、棘轮扳手、力矩扳手等，其中，汽车上常用的是梅花扳手、棘轮扳手和力矩扳手。

1）开口扳手

开口扳手又称呆扳手，有单头开口和双头开口之分，如图 1-8 所示，一般选用优质工具钢锻造，通过整体热处理加工而成。开口扳手常用于拆卸一些位置比较狭窄、又不能使用套筒或梅花扳手的场合。

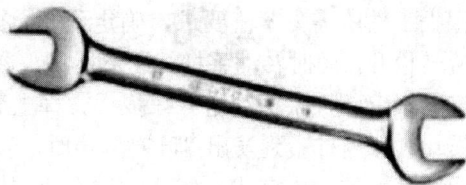

图 1-8　开口扳手

2）梅花扳手

梅花扳手一般用优质工具钢制成，如图 1-9 所示，可用于拆卸或固定螺栓和螺母。使用梅花扳手时，左手握住梅花扳手与螺栓连接处，保持梅花扳手与螺栓完全配合，防止滑脱；右手握住梅花扳手另一端并加力。梅花扳手可将螺栓、螺母的头部全部围住，可以施加较大力矩。

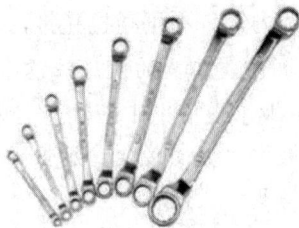

图 1-9　梅花扳手

3）活扳手

图 1-10 所示为活扳手，也叫可调扳手。它能在一定范围内任意调节开口尺寸，适用于调节尺寸不规则的螺栓、螺母。应按螺栓或管件大小选用适当的活扳手。使用活扳手时，应先将活扳手调整合适，使活扳手钳口与螺栓、螺母两对边完全贴紧，不存在间隙，防止

打滑，以免损坏管件或螺栓，造成人员损伤。操作时，应将固定钳口作为主要承载面。

4）棘轮扳手

图1-11所示为棘轮扳手，棘轮扳手的头部设计有棘轮装置，在不脱离套筒和螺栓的情况下，可实现快速单方向的转动。通过调整其锁紧机构，可改变旋转方向，将锁紧机构手柄调到左边，能单方向顺时针拧紧螺栓或螺母；将锁紧机构手柄调到右边，能单方向逆时针松开螺栓或螺母。棘轮扳手可与套筒配合使用，使用时，按下锁定按钮，将套筒套入棘轮扳手的方榫中；松开锁定按钮，套筒即被锁止；如再次按下锁定按钮，即可解除套筒锁定，取出套筒。

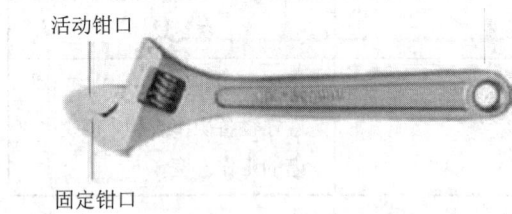

图1-10　活扳手　　　　　　　　　　　　　图1-11　棘轮扳手

5）力矩扳手

力矩扳手有手动力矩扳手、电子力矩扳手、风动力矩扳手等。力矩是力和距离的乘积，在紧固螺钉、螺栓、螺母等螺纹紧固件时，需要控制施加的力矩大小，以保证螺纹紧固且不至于因力矩过大破坏螺纹，因而需用力矩扳手来操作。

力矩扳手需与套筒配合使用，选用合适量程的力矩扳手。力矩扳手是按人手的力量来设计的，遇到较紧的螺纹紧固件时，不能用锤子敲击扳手，以防损坏扳手或螺纹紧固件。根据工件所需力矩值要求，确定预设力矩值。预设力矩值时，将力矩扳手手柄上的锁定环旋转松开，同时转动手柄，调节标尺主刻度线和微分刻度线数值至所需力矩值。调节好后，拧紧锁定环，手柄锁定。在扳手方榫上装上相应规格的套筒，并套住紧固件，在手柄上缓慢用力，当拧紧到发出"咔哒"声时，表示已达到预设力矩值，同时伴有明显的振动手感，提示停止加力，完成工作。一次作业完毕解除作用力后，扳手各相关零件能自动复位。力矩扳手可切换两种方向，实现与棘轮扳手相同的单方向旋转。使用力矩扳手时，应平衡缓慢地加载力矩，不可猛拉猛推，以免造成过载，导致力矩扳手损坏。

6）扳手类工具的使用注意事项

(1) 扳手在使用中应注意与螺栓或螺母的平面保持水平，以免用力时扳手滑出伤人。不能在扳手尾端加接套管延长力臂，以防损坏扳手。不能用锤子敲击扳手，扳手在冲击载荷下极易变形或损坏。

(2) 不能将公制扳手与英制扳手混用，以免打滑而伤及使用者。

(3) 一般优先选用棘轮扳手，其次为梅花扳手，再次为开口扳手，最后选活扳手。

2. 旋具

旋具俗称起子或螺丝刀，如图1-12所示，是一种用来拧螺钉以使其就位的工具。旋具有一字旋具、十字旋具、万能旋具、内六角旋具和外六角旋具等多种。一般旋具杆表面镀铬，头部充磁可吸住铁质螺钉，以方便操作。

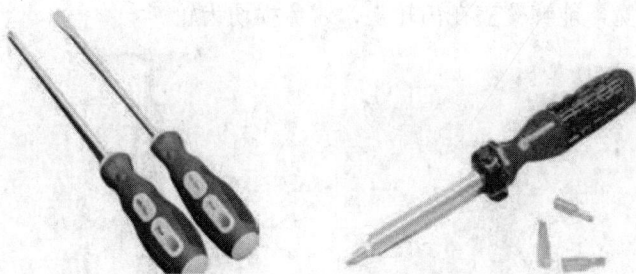

图 1-12　旋具

3. 套筒

套筒是用于上紧或卸松螺钉的工具，如图 1-13 所示。一套套筒一般有数个内六棱形的套筒，套筒的内六棱的大小根据螺栓的型号依次排列，可根据需要选用。

图 1-13　套筒

4. 钳子

图 1-14 所示为钳子。钳子是一种用于夹持、固定加工工件或者扭转、弯曲、剪断金属丝线的手工工具。钳子的外形呈倒 V 字形，通常包括手柄、钳腮和钳嘴三个部分。钳子一般用碳素工具钢制造，先锻压轧制成钳子形状，然后经过磨铣、抛光等金属切削加工，最后进行热处理。钳子的种类很多，有尖嘴钳、鲤鱼钳、斜嘴钳、钢丝钳、扁嘴钳、针嘴钳、断线钳、大力钳、管子钳、打孔钳等。

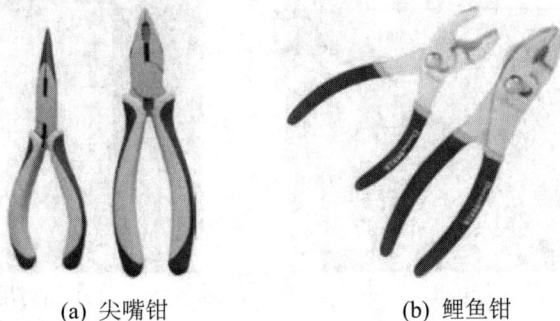

(a) 尖嘴钳　　　　　　　　　(b) 鲤鱼钳

图 1-14　钳子

5. 拉拔器

图 1-15 所示为拉拔器，是把齿轮、带轮等从轴上无损伤快速拆卸下来的工具。由于齿轮和带轮在轴上固定较紧，用金属敲击和撬取很容易损伤零件，使用拉拔器就能很好地解决上述问题。选用合适的拉拔器时，应使夹具压紧被拆的零件，使用螺杆压力尽量大的拉

拔器，夹具要足够宽，能够覆盖在齿轮上，避免损伤齿轮。

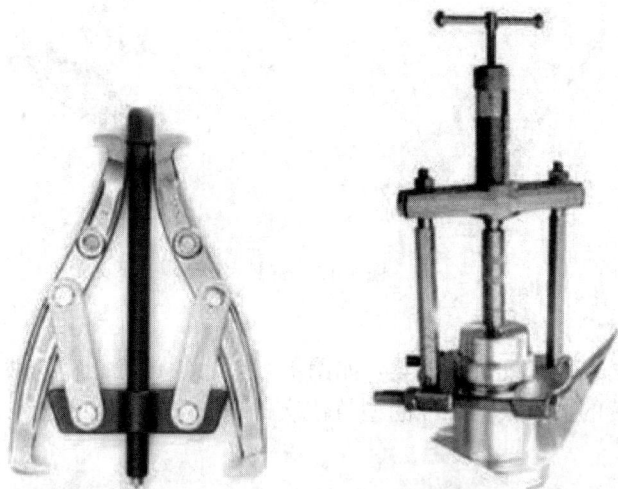

图 1-15　拉拔器

6. 万用表

万用表是测量多种电学参数的磁电式仪表，是汽车电路检查的常用工具。现在汽车用万用表以数字式为主，可用于测量电流、电压、电阻、发动机转速、发动机点火提前角、占空比信号以及晶体管参数等，具体使用方法可查阅相关使用说明书。图 1-16 所示为万用表的使用。

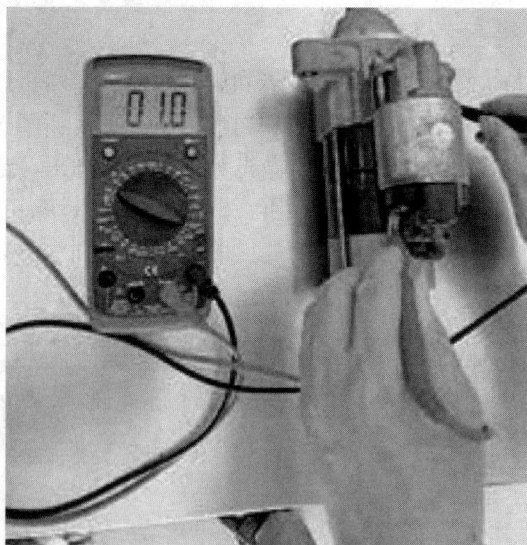

(a) 用万用表测量电阻

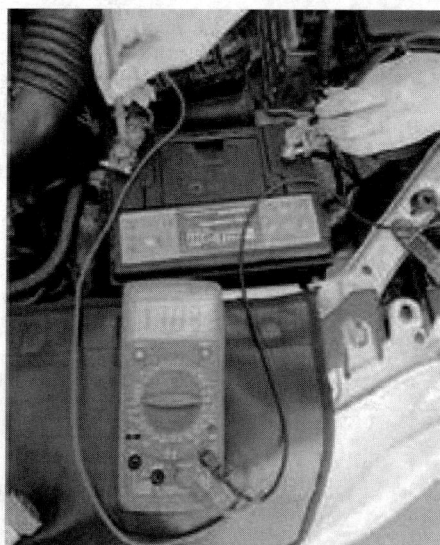

(b) 用万用表测量电压

图 1-16　万用表的使用

1.2.2　汽车空调检修专用工具和设备的使用

汽车空调检修专用工具和设备有歧管压力表组、真空泵、制冷剂加注阀、电子温度计、电子检漏仪、荧光检漏仪、制冷剂回收加注机、制冷剂分析仪等。

1. 歧管压力表组

1) 歧管压力表组的组成

图 1-17 和图 1-18 所示为歧管压力表组及其制冷系统的维修手阀。歧管压力表组由两个压力表(蓝色表是低压表，红色表是高压表)、两个手动阀(蓝色手动阀是低压手动阀，红色手动阀是高压手动阀)、三根软管接头(蓝色软管接低压手动阀，红色软管接高压手动阀，黄色软管接制冷剂罐或真空泵吸入口)组成。这些部件都装在表座上，构成压力表组。在抽真空和加注制冷剂时，歧管压力表组与空调系统之间靠制冷系统的维修手阀连接，维修手阀的高低压侧型号不同，无法互换安装。注意 R12 制冷剂系统的维修手阀和 R134a 制冷剂系统的维修手阀不可互换使用，现在汽车上普遍使用的是 R134a 制冷剂系统。

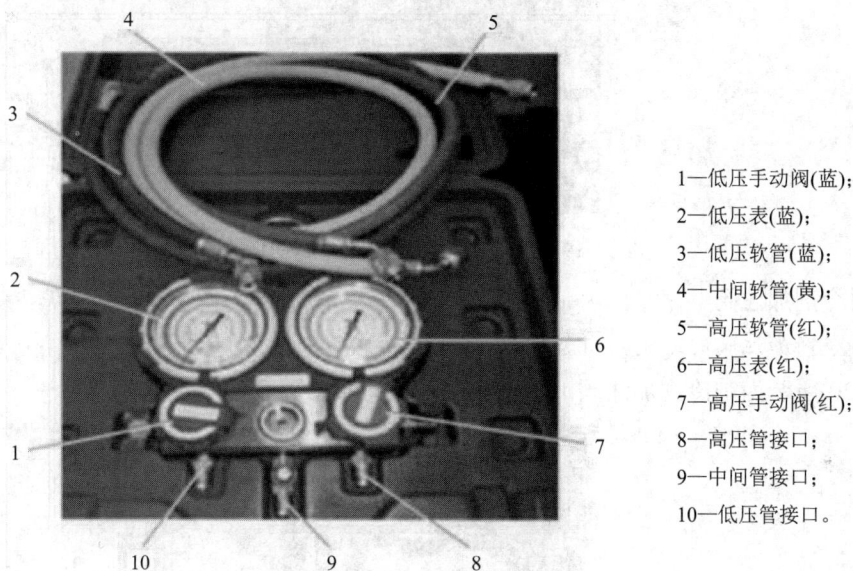

1—低压手动阀(蓝)；
2—低压表(蓝)；
3—低压软管(蓝)；
4—中间软管(黄)；
5—高压软管(红)；
6—高压表(红)；
7—高压手动阀(红)；
8—高压管接口；
9—中间管接口；
10—低压管接口。

图 1-17　歧管压力表组的组成

(a) R12 制冷剂系统的维修手阀　　　(b) R134a 制冷剂系统的维修手阀

图 1-18　制冷系统的维修手阀

2) 歧管压力表组的作用

歧管压力表组可用于对汽车空调系统进行压力测试、抽真空、加注冷冻机油或制冷剂。其具体使用方法将在项目二中介绍。

2. 真空泵

在汽车空调制冷系统检修或更换元件后，系统管路中会存在一定量的空气，空气中的水蒸气在空调系统运行过程中会使制冷系统产生冰堵现象，导致空调制冷效果差或者不制冷。因此，对空调制冷系统检修后或在加注制冷剂前，应先使用真空泵对空调系统抽真空，如图 1-19 所示。其具体使用方法将在项目二中介绍。

图 1-19　使用真空泵对空调系统抽真空

3. 制冷剂加注阀

1) 制冷剂加注阀的结构

图 1-20 所示为制冷剂加注阀，由制冷剂加注阀接口、手柄等组成。

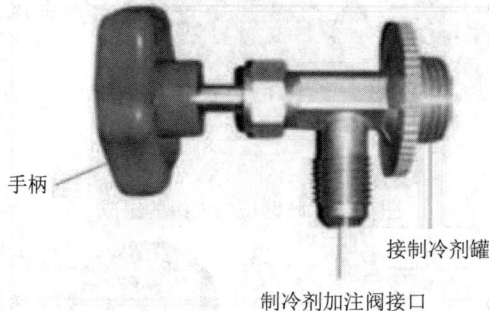

手柄

接制冷剂罐

制冷剂加注阀接口

图 1-20　制冷剂加注阀

2) 制冷剂加注阀的使用

制冷剂加注阀用来刺穿制冷剂罐，使制冷剂能通过制冷剂加注阀从制冷剂罐流入歧管压力表组，再进入空调系统。其操作步骤如下：

(1) 逆时针旋转制冷剂加注阀手柄，使制冷剂加注阀针缩回。

(2) 先逆时针旋转板状圆螺母到最高位置，然后将制冷剂加注阀拧紧在制冷剂罐上。

(3) 将板状圆螺母顺时针拧紧在制冷剂罐上，使制冷剂加注阀与制冷剂罐紧固，将歧管压力表组的中间软管连接到制冷剂加注阀接口上。

(4) 顺时针拧动制冷剂加注阀手柄，直至阀针穿透制冷剂罐体顶部金属。

(5) 逆时针旋转制冷剂加注阀手柄，退出阀针。此时制冷剂可流入歧管压力表组的中间软管中。

(6) 停止加注制冷剂时，可再次顺时针旋转制冷剂加注阀手柄使阀针顶紧制冷剂罐，密封制冷剂。

注意：① 在加注制冷剂前要排空管路中的空气。制冷剂未充注完前不可拆卸制冷剂加注阀，防止制冷剂泄漏，伤害操作人员。② 故障原因不明而缺少制冷剂时，应先找出泄漏原因并予以修复。

4. 电子温度计

温度计是用于测量温度的仪表。汽车空调检修中常用的是电子温度计，如图 1-21 所示，通常测量范围为 −46～1093℃，一般设有摄氏温标和华氏温标，两者可互换。

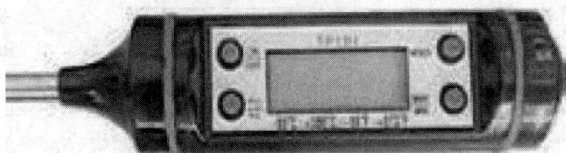

图 1-21 电子温度计

5. 电子检漏仪

1) 电子检漏仪的外观与操作面板

目前汽车空调制冷系统检漏最常用的是 HL-100+电子检漏仪，其外观和操作面板如图 1-22 所示。

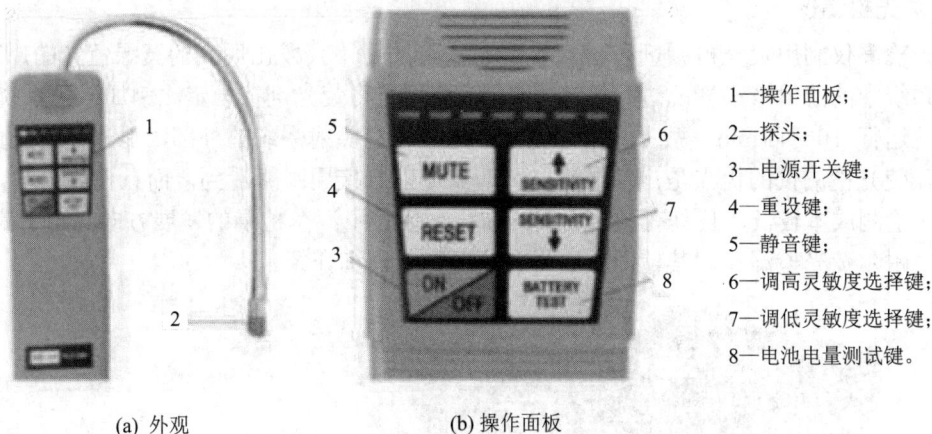

1—操作面板；
2—探头；
3—电源开关键；
4—重设键；
5—静音键；
6—调高灵敏度选择键；
7—调低灵敏度选择键；
8—电池电量测试键。

(a) 外观　　(b) 操作面板

图 1-22 HL-100+电子检漏仪的外观和操作面板

(1) 可通过查看电源指示灯检查电池电量。

(2) 一旦电源开关开启，电子检漏仪灵敏度设定为 4 级。HL-100+ 电子检漏仪的灵敏度分为 7 个等级，等级越高，灵敏度越高，LED 指示灯亮起的数量越多。可通过按下灵敏度选择键调节灵敏度。在检漏过程中随时可通过灵敏度选择键调节灵敏度，并不影响正在进行的检测。

(3) 在寻找泄漏源时，若检测到制冷剂泄漏，则检漏仪会发出报警声，明显区别于刚开始的"嘀嗒"声。LED 灯也会根据检漏情况，以一定的频率闪亮红灯。

(4) 如果在检漏仪接触泄漏位置前就发出报警声，则需按下重设键进行复位，直到无报警声发出再进行检测。

(5) 按下静音键可关闭报警声。再次按下静音键，可开启报警声。

(6) 按下电池电量测试键，可以查看电池电量。

2) HL-100+ 电子检漏仪的内部结构与工作原理

HL-100+ 电子检漏仪的内部结构如图 1-23 所示。其利用检漏仪的电晕式冷媒传感器探测泄漏气体中的冷媒含量(对冷媒中的氯元素和氟元素进行感应)。若冷媒含量超标，HL-100+电子检漏仪就会发出报警声，同时指示灯会变为红色并不断闪烁，这样就可有效地检测出制冷剂的泄漏部位。

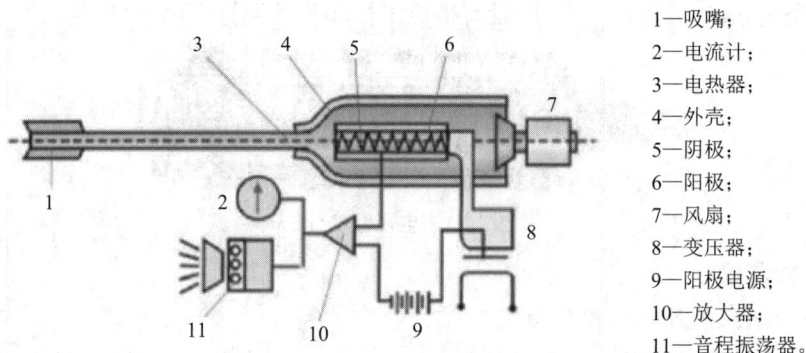

1—吸嘴；
2—电流计；
3—电热器；
4—外壳；
5—阴极；
6—阳极；
7—风扇；
8—变压器；
9—阳极电源；
10—放大器；
11—音程振荡器。

图 1-23　HL-100+ 电子检漏仪的内部结构

6. 荧光检漏仪

荧光检漏仪利用荧光检漏剂在紫外/蓝光检漏灯照射下会发出明亮的黄绿色光的原理，对各类系统中的流体渗漏情况进行检测。使用时，只需将荧光剂按一定比例加入到系统中，并使系统运行 10～15 min。戴上专用滤光镜，用检漏灯照射系统的外部，泄漏处将呈黄绿色荧光。荧光检漏仪的优点是定位准确，渗漏点可以直接用眼睛看到，而且使用简单，携带方便，检测成本较低，且具有预防泄漏的作用，代表了汽车检漏的发展方向。图 1-24 所示为罗宾耐尔荧光检漏仪。其使用方法将在项目二中详细介绍。

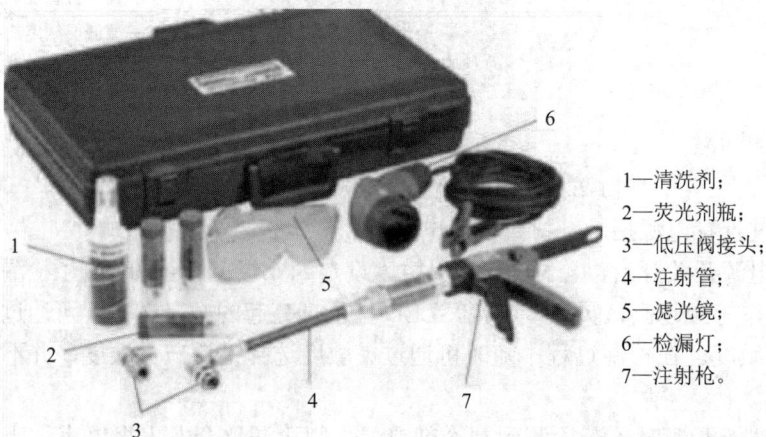

1—清洗剂；
2—荧光剂瓶；
3—低压阀接头；
4—注射管；
5—滤光镜；
6—检漏灯；
7—注射枪。

图 1-24　罗宾耐尔荧光检漏仪

7. 制冷剂回收加注机

制冷剂回收加注机兼有制冷剂回收、抽真空、加注冷冻机油和加注制冷剂等功能。

ROBINAIR AC350C 制冷剂回收加注机外形如图 1-25 所示。

图 1-25　ROBINAIR AC350C 制冷剂回收加注机

　　ROBINAIR AC350C 制冷剂回收/再生/充注机控制面板上配备压力表、开关阀、电源开关、显示器和功能按键等。在控制面板显示屏的下方有各种功能按键，可以进行各项功能的选择，如：排气、回收、抽真空、充注、菜单等，并且可以通过数字键和字母键对所选择的功能进行更详细的操作。ROBINAIR AC350C 制冷剂回收加注机操作面板如图 1-26 所示，其使用方法将在项目二中详细介绍。

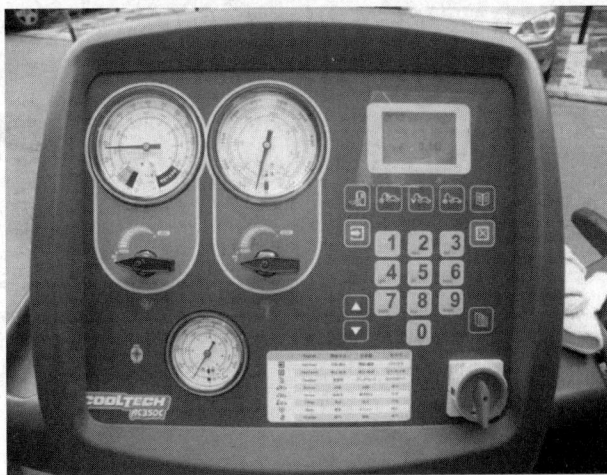

图 1-26　ROBINAIR AC350C 制冷剂回收加注机操作面板

8. 制冷剂纯度分析仪

制冷剂纯度分析仪具有以下功能：

(1) 对制冷剂类型进行鉴别和纯度检测，避免使用劣质制冷剂而损坏空调系统。

(2) 准确显示系统中各种制冷剂和空气的含量。

(3) 检测制冷剂中含有的空气或其他不可冷凝的气体，并直接清除。

图 1-27 所示为罗宾耐尔(16910)制冷剂纯度分析仪，其使用方法将在项目二中详细介绍。

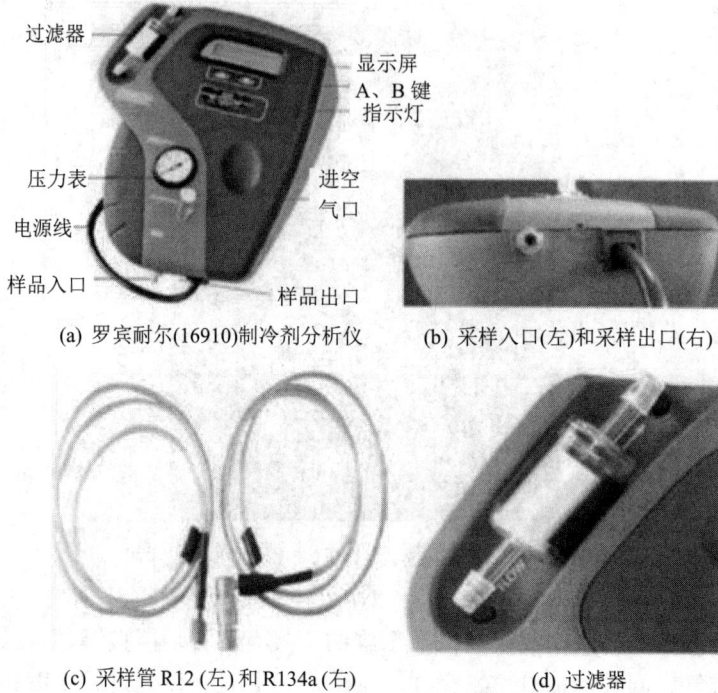

过滤器
显示屏
A、B 键
指示灯
压力表
进空气口
电源线
样品入口
样品出口

(a) 罗宾耐尔(16910)制冷剂分析仪　　　(b) 采样入口(左)和采样出口(右)

(c) 采样管 R12 (左) 和 R134a (右)　　　　(d) 过滤器

图 1-27　罗宾耐尔(16910)制冷剂纯度分析仪

9. 制冷管加工工具

制冷管加工工具包括割管器、弯管器、胀管器、铰刀等，如图 1-28 所示。因使用频率较低，其具体使用方法不再赘述。

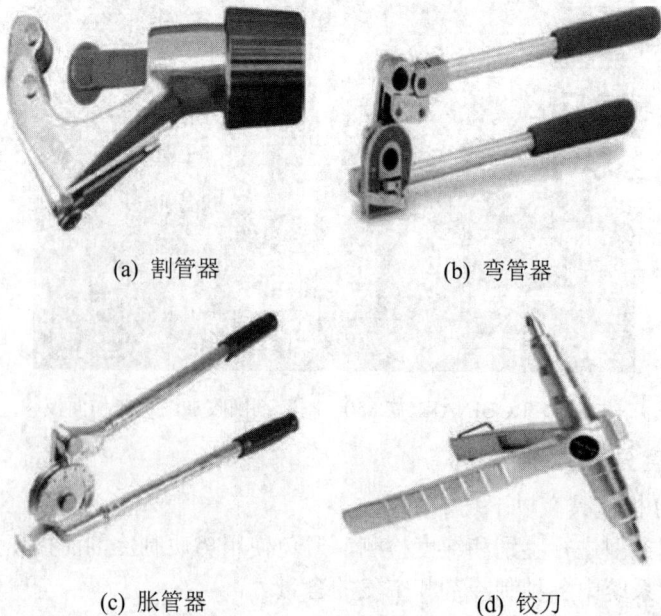

(a) 割管器　　　　　　　　　　　(b) 弯管器

(c) 胀管器　　　　　　　　　　　(d) 铰刀

图 1-28　制冷管加工工具

1.2.3　任务实施

实训题目	识别并使用新能源汽车空调系统常用检修工具				
工具					
班级		时间		地点	
内　容					

Step1. 导学

小王刚从高职院校新能源汽车专业毕业，来到一家汽车销售公司应聘汽车维修工作。技术经理要考量一下小王从事汽车维修的根底和基本技能，安排相关人员准备了新能源汽车常用的拆装工具、专用工具和量具及相应的工件让小王按照标准操作，看小王能否胜任。

Step2. 信息

1. 作业前准备。

(1) 首先保证规范的着装；

(2) 在车辆周围应当拉设___安全围挡___；

(3) 为了防止车辆着火，发生火灾，应当在作业前检查___灭火器___；

(4) 在车辆前方需要放置___安全警示牌___；

(5) 为了保证我们的安全，在工作前我们要穿戴好___安全帽___、___绝缘手套___、___护目镜/面罩___、___绝缘鞋___四件套。

2. 检查所需要用到的检修工具。

(1) 作业所需要用到的工具有：___扳手、旋具、套筒、钳子、拉拔器、万用表等___；

(2) 在作业前需要检查维修手册、电路图是否完备；

(3) 在作业前要测量绝缘地垫的绝缘电阻，测量的标准值应当是大于 20 MΩ。

3. 基本知识。

(1) 整套空调系统由压缩机、两台并联的蒸发器、一台冷凝器、连接管路及相关的附件组成；

(2) 空调系统使用 HFC-134a(R134a)型制冷剂；

(3) 本空调系统制冷剂、压缩机油以及零部件与 CFC-12(R-12)空调系统之间是(可以/不可以)互换的 。

注意：在补充或更换制冷剂及压缩机油和在更换零部件时，务必令使用的材料或部件适用于装在正在被维修的汽车内的空调，只要有一件被错用，就会导致制冷剂渗漏，部件损坏或其他故障状态。

4. 系统任务实施。

(1) 了解图中新能源汽车检修常用的钳类工具应用及分类。

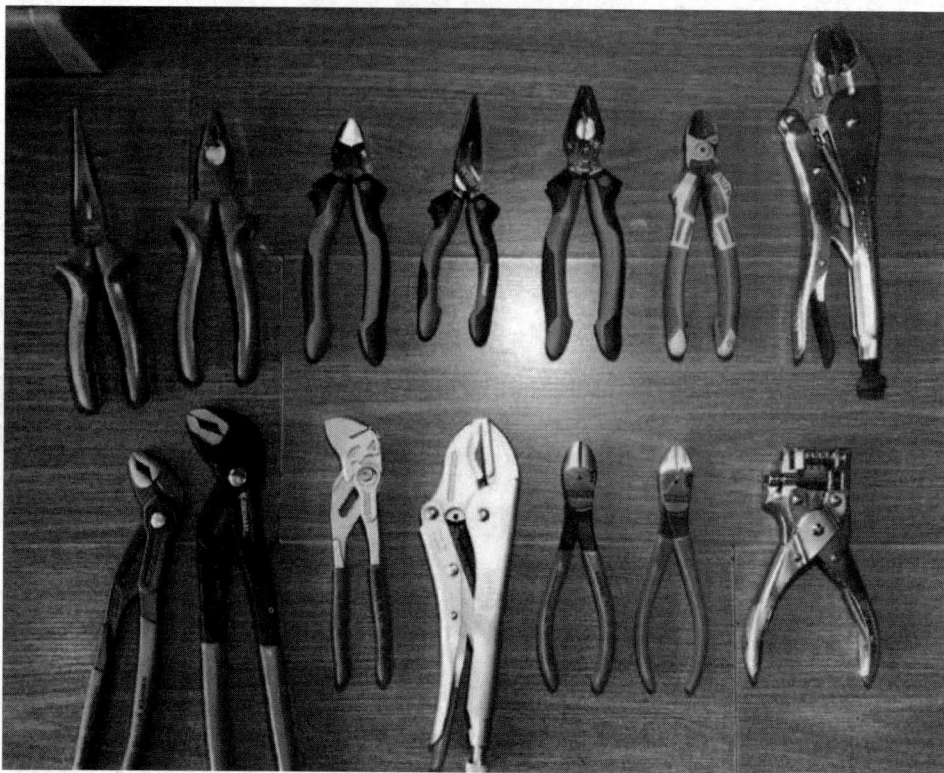

(2) 掌握常用钳类工具的正确使用方法。

① 采用尖嘴钳取出工作台上小孔内的杂物。

A. 清洁尖嘴钳。

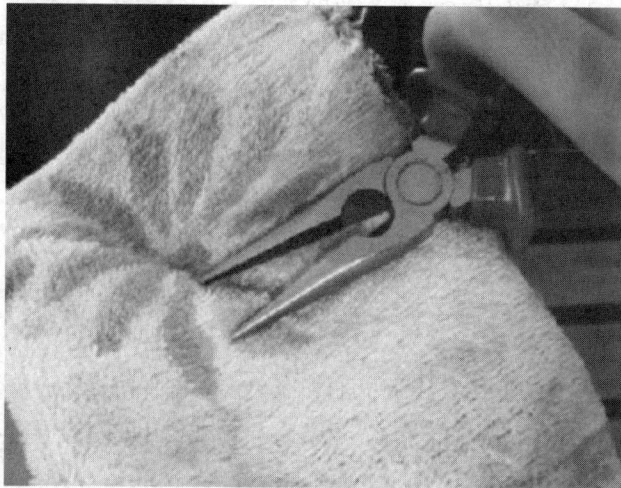

B. 右手拿尖嘴钳，从孔内取出杂物。

C. 清洁尖嘴钳，将其放回工具架。

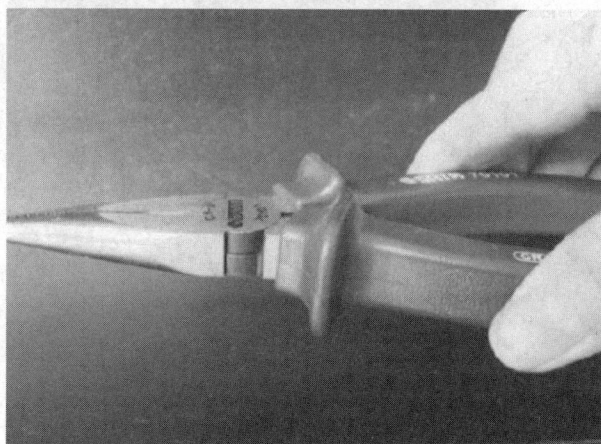

② 采用大力钳给工作台上指定的螺栓配上合适的螺母并安装。

A. 清洁工作台，选取与螺栓相配合的螺母。

B. 清洁大力钳及梅花扳手。

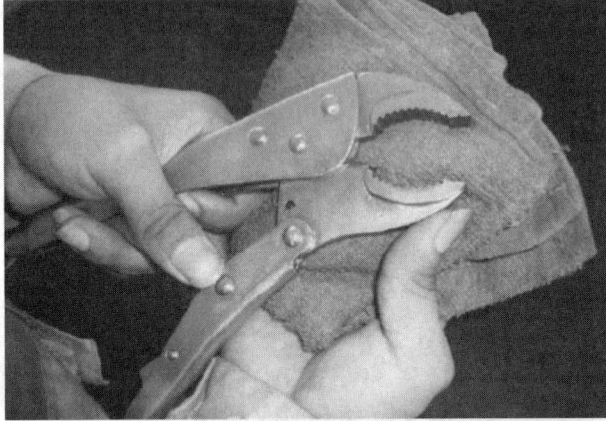

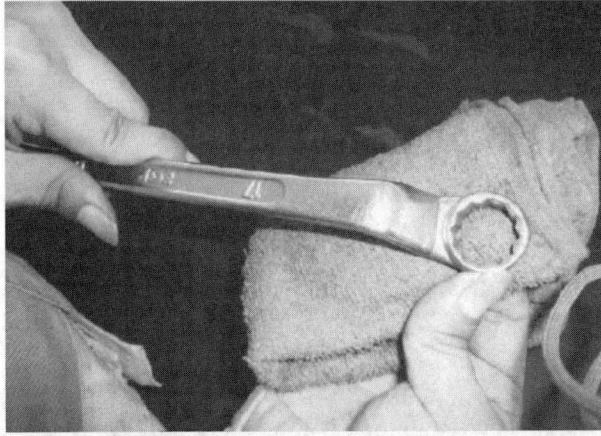

C. 采用弓步站姿，夹紧螺栓。首先通过手柄末端的滚花螺钉来调节钳爪的开口尺寸，使之与螺栓对边完全接合，然后用力夹紧，当听到"咔"的声音时表示已夹紧。提示：向外旋松调整螺钉可使钳口张开的尺寸增大，向里旋拧调整螺钉可使钳口张开的尺寸减小。

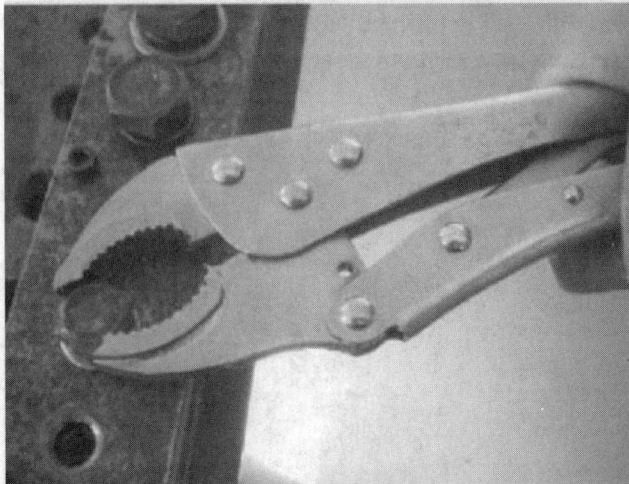

D. 用手装上螺母。

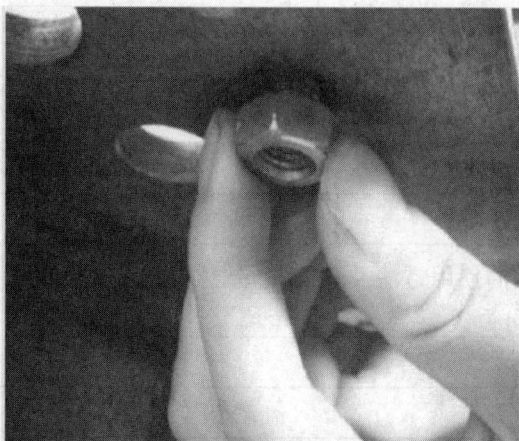

E. 右手握紧大力钳，使其夹紧螺栓，左手用梅花扳手将螺母拧紧。

F. 将梅花扳手放回工具架。

G. 释放螺栓。当大力钳夹紧螺栓时，如果想释放夹持的螺栓，则扳压一下释放手柄，在杠杆力的作用下，钳口将会释放。

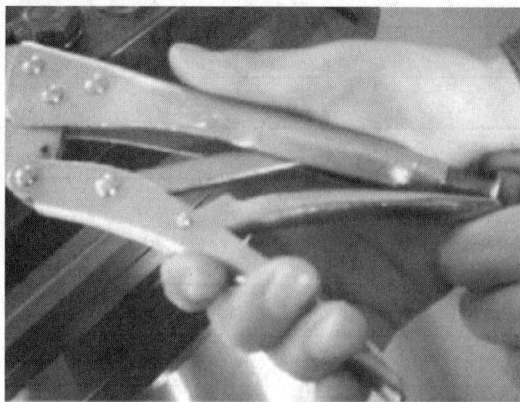

H. 清洁大力钳、梅花扳手，并将它们放回工具架，然后清洁工作台。

Step3. 规划

1. 结合实训车辆写出检修车上空调部件可能用的的工具名称。

_____

_____

_____

2. 小组讨论各工具的使用方法及功能，并根据功能形成海报进行展示。

_____

_____

_____

Step4. 决策

根据与用户的交流信息及实车初步的功能检查所收集到的信息，在之前信息分析的海报上完善所列出的识别常用检修工具操作流程。

_____

_____

_____

Step5. 执行

根据 Step4 罗列操作前的安全注意事项，决策所确定的流程完成下列各项(如不涉及可不填)。

1. 安全注意事项：_____

2. 工作方案：

_____

_____

_____

3. 场地、设备及车辆：

_____

_____

_____

_____

4. 在组长的组织下完成执行过程记录，形成展示的海报。

_____

_____

_____

_____

_____

Step6. 检查

1. 检查工具是否全部归位；
2. 检查设备是否全部归位；
3. 检查工作场地是否清洁。

_____

_____

_____

_____

_____

Step7. 评判

自我反思，发现自己的不足，对实操过程进行总结和评价。或者针对实操过程中其他组的同学表现进行评价，评价指标不限于以下内容：

评价内容	评价指标(各项满分 10 分)	评价结果
工具设备	工具使用规范：有落地扣 1 分，工具选用错误扣 1 分，工具摆放凌乱扣 1 分，工具未清洁扣 1 分	
流程掌握	流程漏项扣 1 分，流程错误扣 3 分，没有流程为 0 分	
交流互助	由于交流不到位导致工作不畅扣 1 分，实习过程中没有交流扣 1 分	
完成速度	第一得 10 分，第二得 8 分，第三得 7 分	
安全意识	在操作中出现安全隐患得分为 0，车辆保护未到位扣 2 分	

Step8. 系统化

通过老师对学习成果的总结，对预备知识和后续学习情景之间的联系进行记录，并记录下节课的学习任务。

任务 1.3　使用新能源汽车空调及更换空调滤清器

任务目标

知识目标	技能目标	素养目标
了解汽车空调系统面板	掌握汽车空调控制面板功能键的使用	培养环保意识，养成遵守国家法规、行业规范和标准的习惯
了解新能源汽车空调滤清器类型及影响	掌握新能源汽车空调滤清器的检查、清洁与更换	

1.3.1　新能源汽车空调的使用

1. 控制面板的分类

新能源汽车空调控制面板与传统汽车空调控制面板的结构基本相同，按照汽车空调吹风方式、调温方式和调风方式的不同，可将汽车空调控制面板分为手动和自动两种。图 1-29 和图 1-30 所示分别是五菱 G100 电动面包车手动空调控制面板和自动空调控制面板。

温度控制旋扭
冷气开关
空气循环选择拨杆
鼓风机挡位开关
出风方式选择旋扭
暖风开关

图 1-29　五菱 G100 手动空调控制面板

图 1-30　五菱 G100 自动空调控制面板

2. 汽车空调控制面板功能键的使用

五菱 G100 车型的暖风和通风设备包括控制杆、风机电机、电暖风发热体以及空气管道等主要部件。风机电机将空气送到车内，电暖风发热体通电后加热空气，提供热风。控制旋钮或控制杆控制风机电机速度、空气温度及空气排出方向。

(1) 出风方式选择拨杆可以控制(面部部位)气流向乘员上部吹送，(腿/面部部位)气流向乘员腿部和上部吹送，(腿部部位)气流吹向前后脚区，(除霜/腿部)气流吹向挡风玻璃除霜和吹向腿部，(除霜)气流吹向挡风玻璃，除霜。

(2) 温度控制拨杆可以控制冷暖风的温度(蓝色为冷风，红色为暖风)。

(3) 空气循环选择拨杆：(内循环部位)旋钮在此位置时，车内空气循环；(外循环)旋钮在此位置时，外部空气进入驾驶室。

3. 电动汽车空调使用注意事项

(1) 启动汽车时空调应处于关闭状态，否则会增加电源系统的启动负担。汽车停止时应关闭空调。

(2) 打开空调时应关闭车窗，降低热负荷，增强制冷效果，减轻空调制冷负担。

(3) 夏季时车辆应避免太阳暴晒，最好在打开车门、车窗散热后再启动空调制冷系统。

(4) 长期不使用汽车空调时，最好每两周启动汽车空调运行一下，让润滑油和制冷剂在空调系统中流动，起到保护空调系统的作用。

(5) 空调不宜长期在小风量下运行，这样对空调内部通风管路起不到清洁作用。

(6) 冷凝器因为工作环境比较差，容易脏污，要定期检查和清洁，让空调的散热效果达到最佳。

(7) 空调滤芯起过滤空气的作用，要定期清洁和更换。

1.3.2　新能源汽车空调滤清器

1. 汽车空调滤清器的作用

汽车空调滤清器是指汽车空调用的空气过滤器，也称花粉滤清器、空调过滤器、空调滤芯、冷气格等。空调滤清器的作用是过滤从外界进入车厢内部的空气,使空气的洁净度提高,给车内乘员创造良好的空气环境,保护车内乘员的身体健康,以及防止大块杂物进入而损坏空调系统。

2. 汽车空调滤清器的类型

空调滤清器分为普通型空调滤清器和活性炭空调滤清器两大类。

1) 普通型空调滤清器

图 1-31 所示为普通型空调滤清器,一般由特定的环保过滤材料经过加工折叠后做成,多为白色单层。普通型空调滤清器只能起到抑制灰尘和颗粒物进入的作用。

2) 活性炭系列空调滤清器

图 1-32 所示为活性炭系列空调滤清器,是由两面非织造布(无纺布)复合、中间夹有微小的颗粒活性炭做成的活性炭滤布,再深加工制作成空调滤清器。

图 1-31　普通型空调滤清器

活性炭系列空调滤清器能利用颗粒活性炭本身的物理性能,吸附空气中其他微小颗粒和更多有害物质,其过滤效果要比普通型空调滤清器好得多。

图 1-32　活性炭系列空调滤清器

3. 汽车空调滤清器对空调系统的影响

空调滤清器对空调系统具有以下影响:

(1) 若汽车空调系统没有装空调滤清器,则空调系统处于外循环模式运行时,车外空气中的杂质、有害颗粒将直接进入汽车空调风道内,影响车内的空气质量,甚至会损坏空调系统。

(2) 若已长时间未更换空调滤清器,将使空调系统的出风量不够大,制冷或制热效果下降。尤其是长时间潮湿天气时,因空调滤清器吸附大量有异味物质或内部发霉,将会使空调系统吹出的空气有异味。因此,应定期更换空调滤清器。汽车空调滤清器的更换周期一般为汽车行驶 20 000～30 000 km 一次或两年一次;也可根据行车的外界环境来定,如果环境干湿度对比大,常年气候干燥,风沙大,应提前更换。

4. 汽车空调滤清器的检查与更换

1) 汽车空调滤清器的拆卸

汽车空调滤清器一般安装在副驾驶位仪表台储物箱后面，也有少数车型的空调滤清器安装在副驾驶位前风窗玻璃外侧。拆卸空调滤清器的步骤如下：

(1) 如图 1-33 所示，拆下副驾驶位仪表台储物箱。

(2) 拆下空调滤清器盖板，取出空调滤清器，如图 1-34 所示。

图 1-33 拆下储物箱

图 1-34 取出空调滤清器

2) 汽车空调滤清器的检查

(1) 检查空调滤清器是否已经严重破损。若是，则应更换空调滤清器。

(2) 检查空调滤清器有无发霉、异味严重、严重脏污等情况。若是，则应更换空调滤清器。

(3) 比较拆下空调滤清器前后空调出风口出风量的差别。若相差较大，则说明空调滤清器明显堵塞；若经清洁后仍无效，则应更换空调滤清器。图 1-35 所示为根据换下来的空气滤清器情况，目视检查判断空调滤清器是否需要更换。

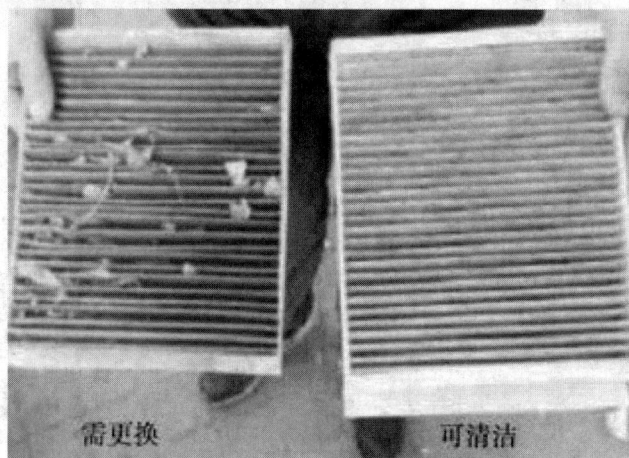

需更换　　　　　可清洁

图 1-35 判断空调滤清器是否需要更换

3) 汽车空调滤清器的清洁或更换

经检查，若空调滤清器已经达到需更换标准，则直接更换；若没达到更换标准，则清洁后可继续使用。

图 1-36 所示为用吹尘枪清洁空调滤清器。清洁空调滤清器的方法如下：将压缩空气自下而上通过空调滤清器来进行清洁，吹尘枪与空调滤清器保持 5 cm 的距离，压缩空气以 500 kPa 压力为宜。

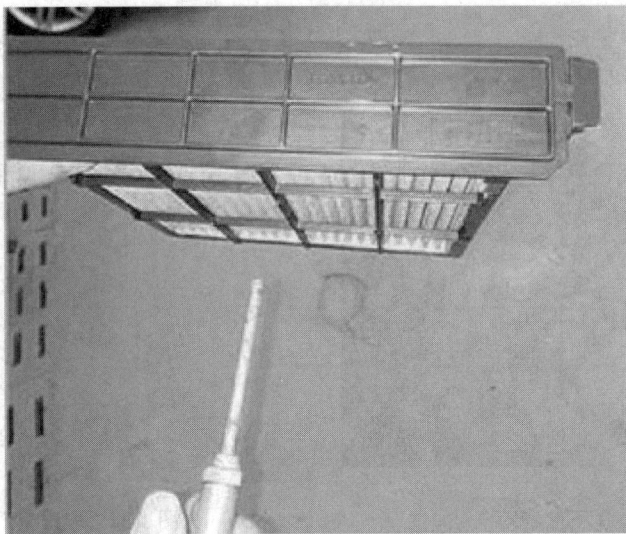

图 1-36　用吹尘枪清洁空调滤清器

4) 汽车空调滤清器的安装

(1) 将清洁干净或新的空调滤清器装入鼓风机上方的空调滤清器座内，如图 1-37 所示。注意：安装空调滤清器时，空调滤清器侧面的箭头方向应朝下，否则将影响外循环模式时的进风速度，使出风量明显减少。

图 1-37　将空调滤清器装入空调滤清器座内

(2) 安装空调滤清器盖板，如图 1-38 所示。注意安装一定要牢固，否则运行空调系统时将会产生异响。

图 1-38　安装空调滤清器盖板

(3) 安装副驾驶位储物箱，如图 1-39 所示。

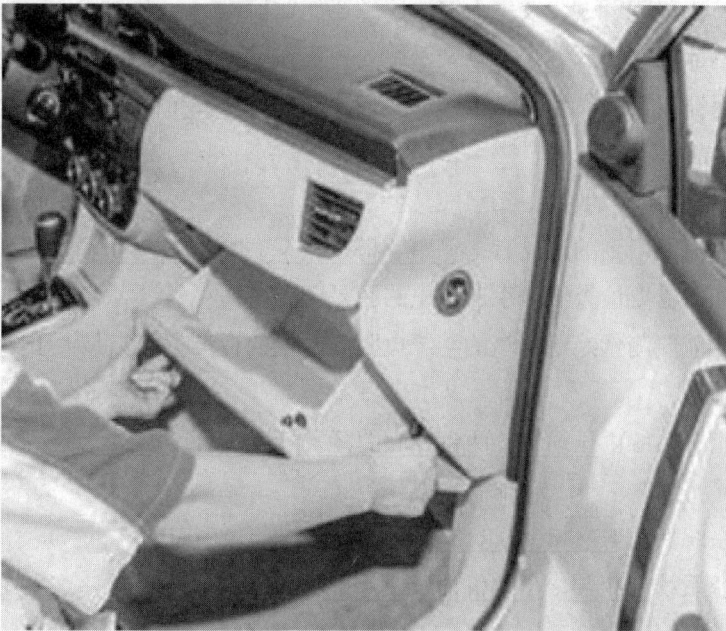

图 1-39　安装副驾驶位储物箱

1.3.3　任务实施

实训题目	更换新能源汽车空调滤清器				
工具					
班级		时间		地点	
内　　容					

Step1. 导学

用户反映五菱 G100 车辆空调出现故障，按下 AC 开关，感觉空调制冷量不够。请根据用户反馈的现象对车辆进行具体的诊断并予以解决。

老师带领学生一起分析完成用户委托所需具备哪些能力。

请在规定的时间内(360 min)，合理使用老师提供的资源完成用户委托。

Step2. 信息

1. 作业前准备。

(1) 首先保证规范的着装；

(2) 在车辆周围应当拉设　安全围挡　；

(3) 为了防止车辆着火，发生火灾，应当在作业前检查　灭火器　；

(4) 在车辆前方需要放置　安全警示牌　；

(5) 为了保证我们的安全，在工作前我们要准备好　安全帽　、绝缘手套、护目镜/面罩、绝缘鞋　四件套。

2. 检查所需要用到的检修工具。

(1) 作业所需要用到的工具有：毛巾、梅花扳手、螺丝刀、万用表　；

(2) 在作业前需要检查维修手册、电路图是否完备；

(3) 在作业前要测量绝缘地垫的绝缘电阻，测量的标准值应当是大于 20 MΩ。

3. 基本知识。

(1) 整套空调系统由压缩机、两台并联的蒸发器、一台冷凝器、连接管路及相关的附件组成；

(2) 空调系统使用 HFC-134a(R134a) 型制冷剂；

(3) 本空调系统制冷剂、压缩机油以及零部件与 CFC-12(R-12)空调系统之间是(可以/不可以)互换的 。

注意：在补充或更换制冷剂及压缩机油和在更换零部件时，务必使用合适空调系统的材料或部件，只要有一件被错用，就会导致制冷剂渗漏，部件损坏或出现其他故障。

4. 空调系统任务实施。

掌握汽车空调滤清器位于副驾驶仓时的更换工艺。

(1) 空调滤芯安装在副驾手套箱的后部，更换空调滤芯首先要打开手套箱盖。

(2) 找到手套箱右侧的固定卡扣，并用力向外侧拔出。

(3) 将手套箱盖的固定卡扣取下拿掉，使之脱离。

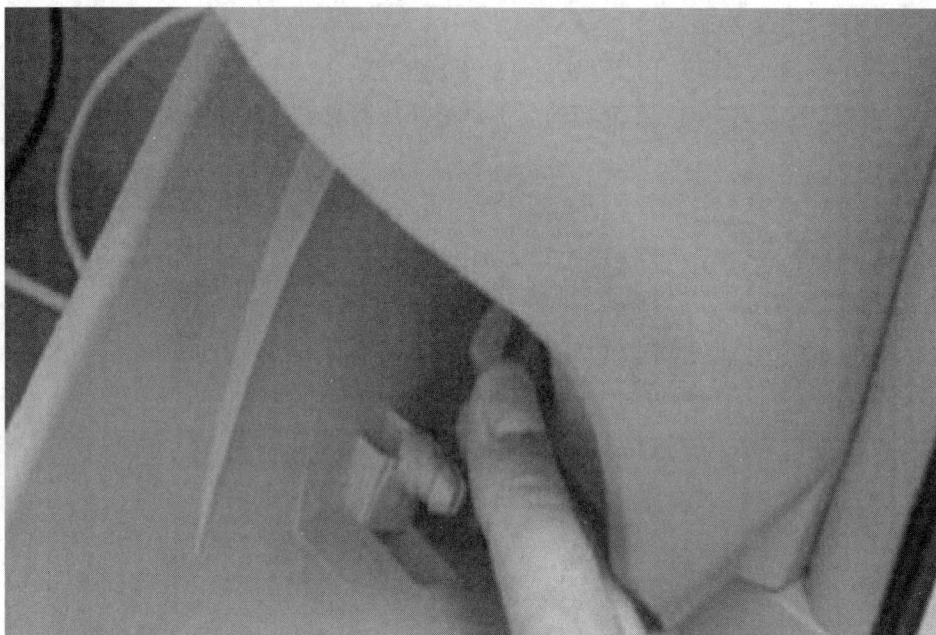

(4) 用双手将手套箱两边向中间挤压，将手套箱拿下来。

(5) 拿下手套箱就可以看到空调滤芯盖板，用力按压盖板两侧的固定卡扣，盖板就可以取下。

(6) 向外侧抽出旧的空调滤芯。

(7) 将新的空调滤芯装入，按拆装顺序的反向恢复原位即可(注意空调滤芯的安装方向)。

(8) 启动车并试开空调，看是否能够正常使用。

Step3. 规划

1. 接受并解析用户委托书，讨论如何与用户沟通，列出所有"问诊"话术，尽可能地得到"解决用户反映的问题"的线索。

2. 通过与用户沟通，收集车辆信息，询问故障现象的前后经过，确定工作内容。

_____

_____

_____

3. 小组讨论如何与用户沟通，告诉用户初步的解决方案、工作计划，条件许可时可预估维修预算和维修工时，形成海报并进行展示。

_____

_____

_____

_____

Step4. 决策

根据与用户的交流信息及实车初步的功能检查所收集到的信息，在之前信息分析的海报上完善所列出的更换空调滤清器的操作流程。

_____

_____

_____

_____

Step5. 执行

根据 Step4.罗列操作前的安全注意事项，决策所确定的流程完成下列各项(如不涉及可不填)。

1. 安全注意事项：_____

_____

2. 工作方案：

_____

_____

_____

_____

3. 场地、设备及车辆：

_____

_____

_____

_____

4. 在组长的组织下完成执行过程记录，形成展示的海报：

_____

_____

_____

_____

Step6. 检查

1. 检查车辆仪表的故障灯是否还亮；

2. 检查故障码是否已经完全清除；

3. 检查车辆其他功能是否正常；

4. 检查工具是否全部归位；

5. 检查设备是否全部归位；

6. 检查工作场地是否清洁；

7. 完成以上工作后，向"用户"解释故障原因的话术填写在下面。

_____

_____

_____

_____

_____

Step7. 评判

自我反思，发现自己的不足，对实操过程进行总结和评价。或者针对实操过程中其他组的同学表现进行评价。评价指标不限于以下内容：

评价内容	评价指标(各项满分 10 分)	评价结果
工具设备	工具使用规范：有落地扣 1 分，工具选用错误扣 1 分，工具摆放凌乱扣 1 分，工具未清洁扣 1 分	
流程掌握	流程漏项扣 1 分，流程错误扣 3 分，没有流程为 0 分	
交流互助	由于交流不到位导致工作不畅扣 1 分，实习过程中没有交流扣 1 分	
完成速度	第一得 10 分，第二得 8 分，第三得 7 分	
安全意识	在操作中出现安全隐患得分为 0，车辆保护未到位扣 2 分	

Step8. 系统化

通过老师对学习成果的总结，对预备知识和后续学习情景之间的联系进行记录，并记录下节课的学习任务。

拓展阅读

换道赛车　新能源汽车的中国道路

在当今的汽车产业中，一场前所未有的"换道赛车"正在如火如荼地进行。《换道赛车：新能源汽车的中国道路》是工信部前部长苗圩写作的一本新书，该书聚焦中国新能源汽车的发展历程，对国家的未雨绸缪、政府的顶层设计进行了时代性解读，阐述了中国新能源汽车崛起的根本原因，讲述了我国新能源汽车发展历程中一些背后的故事。

回溯至 2009 年，当我国汽车年产量首次突破 1000 万辆大关，成为世界汽车产销量第一大国时，我们面临着一个重大的挑战就是如何从汽车大国迈向汽车强国。作者认为，汽车强国的标志在于拥有产销规模全球领先的汽车企业，掌握世界领先的关键核心技术，以及充分开拓国内外两个市场。

面对传统燃油车的挑战与机遇，新能源汽车应运而生。作者指出，新能源汽车不仅是汽车产业的一次技术革命，更是我国实现汽车强国目标的重要抓手。经过多年的发展，我国新能源汽车产业已经取得了举世瞩目的成就。

在新能源汽车的发展过程中，政策引领与市场驱动起到了至关重要的作用。作者在书中详细梳理了国家相关产业政策的出台过程与落实结果，以及汽车企业竞争力升降的经验教训。这些政策不仅为新能源汽车的发展提供了有力支持，也推动了整个汽车产业的转型升级。

技术创新是新能源汽车发展的核心驱动力。作者通过深入剖析动力电池、电池管理系统、电机技术等关键零部件的技术进步，展现了新能源汽车产业在技术创新方面的巨大成就。同时，书中指出了在产业升级过程中，整车产品、车企创新等方面所面临的挑战与机遇。

面对未来，新能源汽车产业将继续保持快速发展的态势。但同时，我们也面临着诸多挑战，如基础设施建设、电池回收利用、市场竞争等。因此，我们需要继续加大研发投入，加强国际合作，推动新能源汽车产业的可持续发展。

习题及思考题

一、填空题

1. 对于纯电动汽车，没有_____作为空调压缩机的动力源，也不能利用_____余热作为汽车空调冬天制热用的热源。因此，空调系统的冷源、热源和其他能源都来自_____。

2. 燃料电池电动汽车是将_____转化成的_____作为动力的。

3. 新能源汽车空调系统主要由_____、_____、_____、_____和_____组成。

4. 汽车空调要向乘员头部、脚部、左右方向送出冷风、热风或新风，并向风窗吹风除霜、除雾，所以有一套比较复杂的 _____ 系统。

5. 汽车空调的通风方式一般有 _____、 _____ 和 _____ 三种。

6. 新能源汽车空调制冷系统与传统汽车空调制冷系统的组成基本相同，主要差别在于 _____。

7. 新能源汽车空调制冷系统主要由 _____、 _____、 _____、 _____、 _____ 及连接管路组成。

二、选择题

1. 在新能源汽车空调制冷系统中，制冷剂在压缩机的作用下循环流动，在(　　)处由气态冷凝为液态，放出热量；在(　　)处由液态蒸发为气态，吸收热量，从而降低车内的温度。

A. 膨胀阀　　　　　　　　　　　　B. 储液干燥器

C. 蒸发器　　　　　　　　　　　　D. 冷凝器

2. 如何供暖是纯电动汽车空调系统最大的问题，电动汽车无法燃烧燃料产生热能，电动机散发的热量(　　)，(　　)回收利用，因此，只能通过动力蓄电池进行加热。

A. 较小　容易　　　　　　　　　　B. 较大　容易

C. 较小　难以　　　　　　　　　　D. 较大　难以

3. 用气枪清洁空调滤清器时，气枪与空调滤清器之间的最佳距离为(　　)。

A. 5 cm　　　　　B. 10 cm　　　　　C. 15 cm　　　　　D. 20 cm

4. 用压缩空气清洁汽车空调滤清器时，压缩空气气压以(　　)为适宜。

A. 0.2 MPa　　　　B. 0.5 MPa　　　　C. 1.0 MPa　　　　D. 1.5 MPa

三、判断题

1. 纯电动汽车空调供暖时，可利用高压电直接加热空气。这种方法的结构简单、热效率高，且十分安全。　　　　　　　　　　　　　　　　　　　　　　　　　(　　)

2. 因为燃料电池电动汽车的余热吸收式制冷空调系统的热力系数偏低，运行过程中会出现传热性能变差、制冷量下降等问题，所以还需要做进一步的技术性研究。　(　　)

3. 活性炭系列汽车空调滤清器的过滤效果比普通型汽车空调滤清器的好。　(　　)

4. 汽车空调滤清器可以用气枪进行清洁，也可以用干净的水清洗。　　　(　　)

5. 安装汽车空调滤清器时，不需要区分安装方向。　　　　　　　　　　(　　)

四、简答题

1. 简述新能源汽车空调系统的主要组成部分及各部分的作用。

2. 汽车空调滤清器对汽车空调的使用有哪些影响？

项目2 回收与充注新能源汽车空调制冷剂

项目描述

空调制冷剂是空调内部实现制冷循环的主要媒介工质，一般不消耗，但是有时候会出现泄漏，回收空调制冷剂具有环保和经济两个层面意义。新能源汽车空调制冷剂回收加注一般都是采用压缩冷凝法进行回收，工作原理同蒸气压缩式制冷机的制冷循环模式基本一样。回收制冷剂→再生净化制冷剂→系统抽真空→充注，这种科学、环保、经济的制冷剂加注方式正在日益得到人们的重视与使用。

本项目包含以下 3 个工作任务：

任务 2.1：认识制冷剂及检测制冷剂纯度；

任务 2.2：检查制冷剂系统泄漏；

任务 2.3：回收与充注空调制冷剂。

通过完成以上 3 个工作任务，学生能够检测制冷剂纯度，能够正确使用电子检漏仪检漏，能够正确回收制冷剂和充注制冷剂。

任务 2.1 认识制冷剂及检测制冷剂纯度

任务目标

知识目标	技能目标	素养目标
了解制冷剂类型	能够识别制冷剂类型	培养学生实际运用知识和技能的能力，建立任务参与、安全环保的规范意识
了解制冷剂纯度检测方法	能够使用制冷剂纯度仪检测制冷剂纯度	

2.1.1　认识汽车空调制冷剂

1. 常用制冷剂

汽车空调制冷剂是一种化学物质，是汽车空调制冷系统中完成制冷循环的工作介质，国际上用英文字母 R 来表示制冷剂(取英文制冷剂 Refrigerant 的第一个字母)。目前汽车空调系统中的制冷剂使用最多的是 R134a，它对比 R12 最明显的优势就是不会破坏臭氧层，是目前世界上绝大多数国家都认可的，并被广泛用于汽车空调系统的初装和维修过程中再添加。这种新型制冷剂，其主要热力学性质与 R12 相似，如表 2-1 所示，本书中未特别说明的制冷剂均指 R134a 制冷剂。

表 2-1　R134a 与 R12 的热力学性质

项　目	R134a	R12
分子式	CH_2FCF_3	CCL_2F_2
分子量	102	121
沸点	−26.1℃	−29.8℃
临界温度	101.2℃	111.8℃
临界压力	4.065 MPa	4.125 MPa
临界密度	511 kg/cm³	558 kg/cm³
饱和密度	1206.0 kg/cm³	1310.9 kg/cm³
体积比(饱和蒸汽)	0.031 009 m³/kg	0.027 085 m³/kg

现有制冷剂通常存放在一个 250 g 的小罐或者 13.6 kg 的大罐中，制冷剂容器根据要求有相关的颜色标记，R134a 的容器为浅蓝色，如图 2-1(a)所示，R12 的容器为白色，如图 2-1(b)所示。

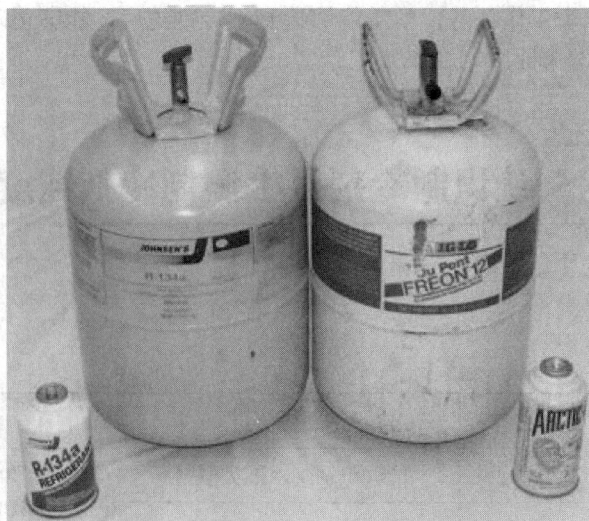

(a) R134a 容器　　　　　(b) R12 容器

图 2-1　R134a 和 R12 容器

2. 使用制冷剂的注意事项

(1) 首先应确认汽车空调系统采用哪种制冷剂。

(2) 制冷剂易挥发，在保管时应避开日光直射、火炉及其他热源，添加制冷剂应在阴凉处进行。

(3) 制冷剂在一个标准大气压下会急剧蒸发制冷，与皮肤接触会冻伤皮肤，添加时要避免其与身体接触，尤其是避免制冷剂喷到眼睛里。

(4) 尽管 R12 制冷剂无毒或低毒，但与火焰接触时会产生毒气，应尽量避免。

(5) 制冷剂加注、回收、排放等操作应在通风条件良好的场所进行。

(6) R134a 制冷剂的干燥剂应选用 XH-7 分子筛。

(7) R134a 制冷剂与 R12 制冷剂不能混用。

(8) 两种制冷剂系统中的密封件、橡胶软管、检测仪表和加注工具等不能混用。

2.1.2　检测制冷剂纯度

下面以罗宾耐尔(16910)制冷剂纯度分析仪为例来介绍如何进行制冷剂纯度检测。罗宾耐尔(16910)制冷剂纯度分析仪使用步骤如图 2-2 所示。

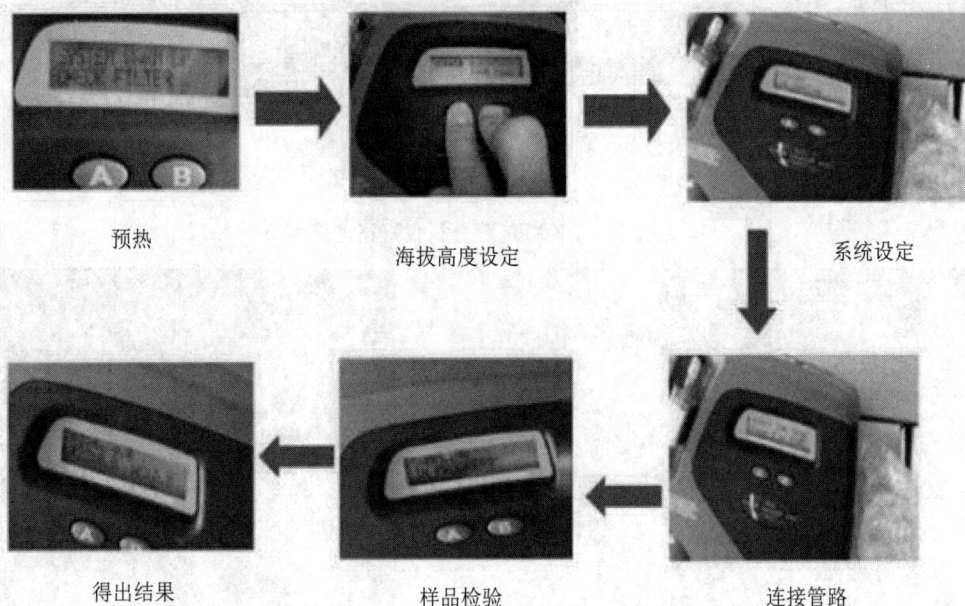

图 2-2　罗宾耐尔(16910)制冷剂纯度分析仪使用步骤

使用罗宾耐尔(16910)制冷剂纯度分析仪分析制冷剂纯度时，可按如下操作逐步进行。

(1) 开机、预热。连接电源后自动开机、预热时间约为 2 min，在预热过程中，按住 A、B 键直到显示屏出现 "USAGE，ELEVATION，400FEET"(出厂设置，海拔 400 英尺，相当于 122 m)。

(2) 使用 A 键和 B 键调节海拔高度，每按一次 A 键，升高 100 英尺，每按一次 B 键，降低 100 英尺。如果不进行海拔高度设定，将自动跳转到系统标定环节。

(3) 系统标定。预热完成后，系统标定自动进行，时间为 1 min，系统标定用于对仪器内部的测量元件进行归零，同时排出残余的制冷剂。在系统标定过程中，仪器内部的气泵运转，发出声音。

(4) 连接管路、调节压力。在制冷系统的低压接头上安装低压快速接头，注意调节压力为 5～25 psi(磅力/平方英寸)，相当于 34～172 kPa。制冷剂纯度分析仪管路连接如图 2-3 所示，其压力调节如图 2-4 所示。

连接管路　　　　　　　　　　　　　　　　　　　　旋钮

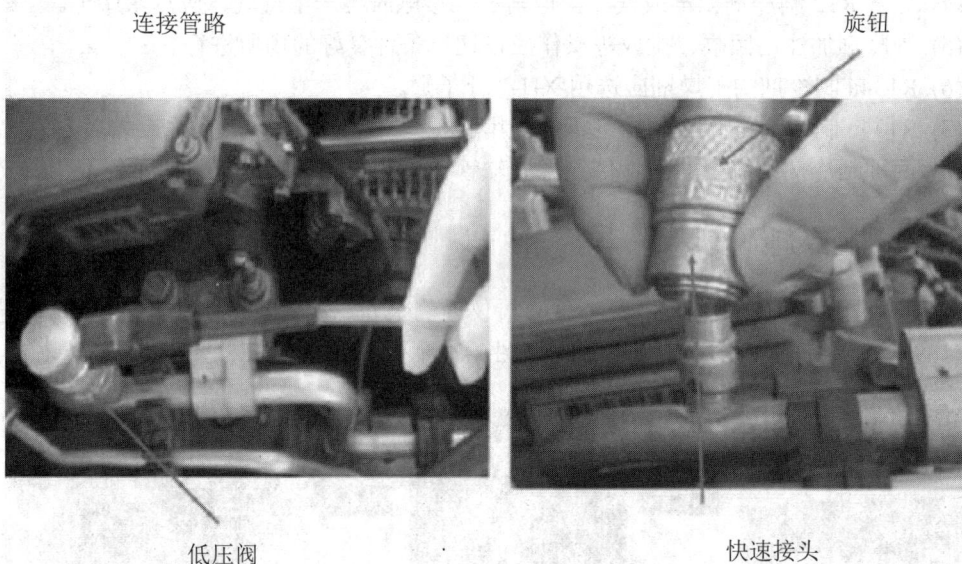

低压阀　　　　　　　　　　　　　　快速接头

图 2-3　制冷剂纯度分析仪管路连接

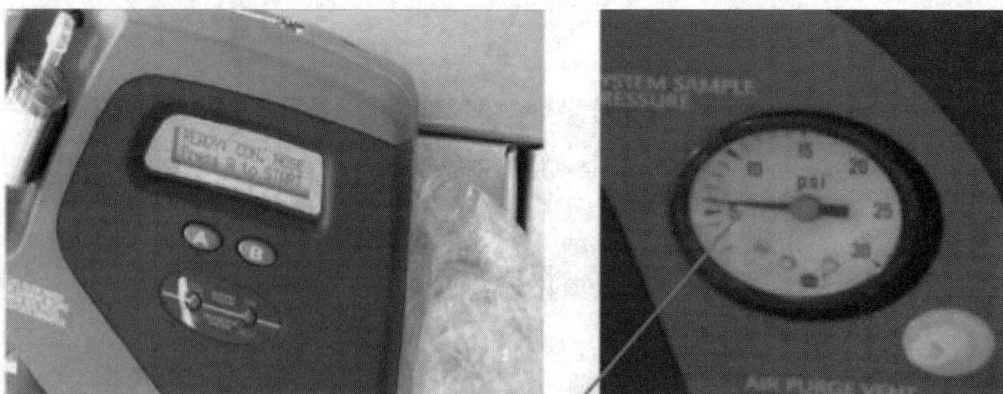

图 2-4　制冷剂纯度分析仪压力调节

(5) 样品检验。按 A 键制冷剂样品立即流向仪器检查样品出口处(即制冷系统的低压接头)，检验时间为 1 min。检验过程中应确保制冷剂为气态，不允许有液态制冷剂或油流出。

(6) 结果显示。检验过程完成后，制冷剂纯度分析仪自动显示结果，如图 2-5 所示。

(7) 检验完成后按 B 键退出，结束检验。

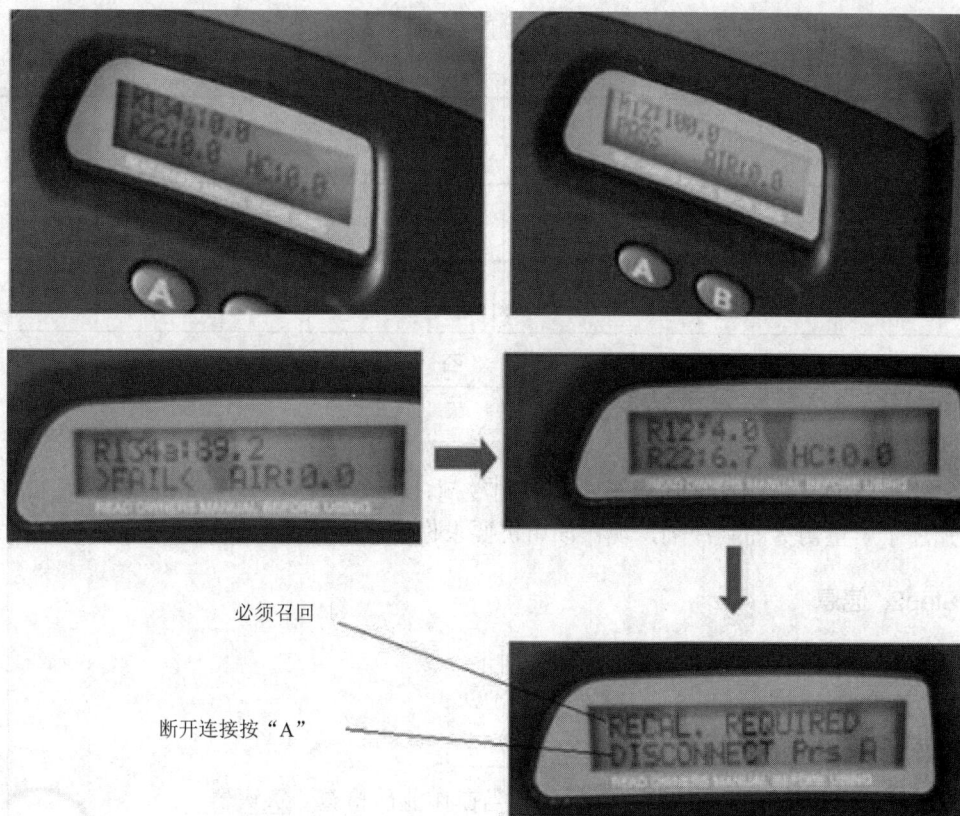

图 2-5　制冷剂纯度分析仪结果显示

(8) 罗宾耐尔(16910)制冷剂纯度分析仪显示结果说明。

① PASS。表示制冷剂纯度达到 98% 或更高，通过检验，可以回收。

② FAIL。表示制冷剂是 R12 制冷剂或 R134a 制冷剂的混合物，任一种制冷剂的纯度都达不到 98%，杂质太多。

③ FAIL CONTAMINATED。表示未知制冷剂，如 R22 制冷剂或碳氢化合物含量在 4%(含)以上，不能显示制冷剂的含量。

④ NO REFRIGERANT-CHK HOSE CONN。表示空气含量在 90%(含)以上，系统可能没有制冷剂。

使用罗宾耐尔(16910)制冷剂纯度分析仪注意：制冷剂分析仪不能有红点出现，若出现红点，说明制冷剂已被污染，必须更换。制冷剂分析仪将根据制冷剂情况，自动提示是否应进行制冷剂净化。净化排放口会在制冷剂净化过程中排放制冷剂和空气的混合物。净化排放口设有一个防护帽，必须与净化排放软管一起更换。为避免制冷剂过度流失，在制冷剂的分析鉴别过程中，防护帽必须始终装在净化排放口上。净化排放口应洁净，无堵塞。

2.1.3　任务实施

实训题目	检测制冷剂纯度			
工具				
班级		时间		地点

内　容

Step1. **导学**

一辆新能源汽车因在路边店重新加注制冷剂，二个月后，空调冷风不冷，司机怀疑店主加注了质量伪劣的制冷剂，现在该司机要求你做出判断并维修，你知道怎么办吗？

Step2. **信息**

1. 作业前准备。

(1) 首先保证规范的着装；

(2) 在车辆周围应当拉设 ___安全围挡___ ；

(3) 为了防止车辆着火，发生火灾，应当在作业前检查 ___灭火器___ ；

(4) 在车辆前方需要放置___安全警示牌___ ；

(5) 为了保证我们的安全，在工作前我们要准备好 ___安全帽___ 、___绝缘手套___ 、___护目镜/面罩___ 、___绝缘鞋___ 四件套。

2. 检查所需要用到的检修工具。

(1) 作业所需要用到的工具有：___毛巾、梅花扳手、螺丝刀、万用表___ ；

(2) 在作业前需要检查维修手册、电路图是否完备；

(3) 在作业前要测量绝缘地垫的绝缘电阻，测量的标准值应当是大于 20 MΩ。

3. 基本知识。

(1) 整套空调系统由压缩机、两台并联的蒸发器、一台冷凝器、连接管路及相关的附件组成；

(2) 空调系统使用 ___HFC-134a(R134a)___ 型制冷剂；

(3) 本空调系统制冷剂、压缩机油以及零部件与 ___CFC-12(R-12)___ 空调系统之间是(可以/不可以)互换的 。

注意：在补充或更换制冷剂及压缩机油和在更换零部件时，务必使用合适于空调系统的材料或部件，只要有一件被错用，就会导致制冷剂渗漏，部件损坏或其他故障状态。

4. 空调系统任务实施如下表。

检测步骤	注意事项	现象记录
(1) 仪器检查(采样入口、出口；空气入口、出口)	检查采样入口、出口；空气入口、出口是否堵塞	显示现象_____
(2) 电路连接	电路连接要牢固，防止虚接损坏检测仪	显示现象_____
(3) 预热	预热 2 min	显示现象_____
(4) 海拔高度设定	当检测仪出现 pressand B 时，同时按压 A、B 键，进入海拔高度设定	显示现象_____
(5) 系统设定	此步骤检测仪自动进行，不需任何操作	
(6) 采样软管连接	当仪器呈现"press A to start"时，将软管连接至空调制冷系统的低压管路的快速接头上，同时注意观察压力表的读数是否在 5～25 psi，按下 A 键。注意配备橡胶手套和护目镜	
(7) 样品检测	需要等待 30 s 左右	
(8) 检测结果呈现	记录下此时显示的结果：R134a、R22、R12、CH、AIR 的百分比	
(9) 结论及判断	如果 R134a≥96%，则制冷剂可以回收，检测仪亮绿灯(pass)；否则，检测仪亮红灯(fail)	

Step3. 规划

1. 接受并解析用户委托书讨论如何与用户沟通，列出所有"问诊"话术，尽可能地得到"解决用户反映的问题"的线索。

2. 通过与用户沟通，收集车辆信息，询问故障现象的前后经过，确定工作内容。

_____

_____

_____

3. 小组讨论如何与用户沟通，告诉用户初步的解决方案、工作计划、条件许可时可预估维修预算和维修工时。形成海报并进行展示。

_____

_____

_____

Step4. 决策

根据与用户的交流信息及实车初步的功能检查所收集到的信息，在之前信息分析的海报上完善所列出的检测制冷剂纯度操作流程。

_____

_____

_____

_____

Step5. 执行

根据 Step4 罗列操作前的安全注意事项，决策所确定的流程完成下列各项(如不涉及可不填)。

1. 安全注意事项：_____

2. 工作方案：

_____

_____

_____

3. 场地、设备及车辆：

_____

_____

_____

_____

4. 在组长的组织下完成执行过程记录，形成展示的海报：

_____

_____

_____

Step6. 检查

1. 检查车辆仪表的故障灯是否还亮；

2. 检查故障码是否已经完全清除；

3. 检查车辆其他功能是否正常；

4. 检查工具是否全部归位；

5. 检查设备是否全部归位；

6. 检查工作场地是否清洁；

7. 完成以上工作后，向"用户"解释故障原因的话术填写在下面。

_____

_____

_____

_____

Step7. 评判

自我反思，发现自己的不足，对实操过程进行总结和评价。或者针对实操过程中其他组的同学表现进行评价，评价指标不限于以下内容：

评价内容	评价指标(各项满分 10 分)	评价结果
工具设备	工具使用规范：有落地扣 1 分，工具选用错误扣 1 分，工具摆放凌乱扣 1 分，工具未清洁扣 1 分	
流程掌握	流程漏项扣 1 分，流程错误扣 3 分，没有流程为 0 分	
交流互助	由于交流不到位导致工作不畅扣 1 分，实习过程中没有交流扣 1 分	
完成速度	第一得 10 分，第二得 8 分，第三得 7 分	
安全意识	在操作中出现安全隐患得分为 0，车辆保护未到位扣 2 分	

Step8. 系统化

通过老师对学习成果的总结，对预备知识和后续学习情景之间的联系进行记录，并记录下节课的学习任务。

任务 2.2　检查制冷剂系统泄漏

任务目标

知识目标	技能目标	素养目标
了解新能源汽车制冷系统，熟悉制冷系统检查的常见方法	掌握制冷系统性能测试的方法	培养爱岗敬业的价值观，建立专业自信、实践创新的工匠精神
熟悉制冷系统检漏的方法	掌握制冷系统检漏的不同方法	

2.2.1　制冷剂系统检查

　　汽车空调制冷系统目前已成为乘用车的标准配置，在使用过程中难免会产生一些故障，比如制冷效果差、不制冷等。因此，应该定期对制冷系统进行检查，以保证空调系统的性能良好。如果检查出因制冷剂不足而造成的制冷效果不良，可以使用本项目中介绍的制冷系统的检漏方法进行进一步检测。

　　在怀疑制冷系统有问题时，需要对系统进行检查，以便能够迅速找到故障原因。制冷系统的检查项目通常包括常规检查、观测孔检查、温度和压力的检查以及系统性能测试。

1. 常规检查

　　常规检查主要是在每年使用汽车空调之前或制冷系统出现故障时进行，通常以目视为主，主要检查内容包括：控制系统、冷凝器及散热器、高低压管路、蒸发器引流管等主要部件的状态。

　　(1) 检查汽车空调的制冷控制系统是否设置正确、车辆出风口的状态及各执行器的动作是否工作正常。

　　(2) 检查冷凝器和散热器的表面是否被树叶、泥浆或其他碎屑覆盖。因为它会影响空气的流通，导致冷凝器散热不良，影响制冷效果。注意：如果需要清洁冷凝器和散热器表面，不要使用高压水枪直接冲洗，因为过高的压力会使冷凝器或散热器表面的翅片倒伏，同样会影响制冷系统的正常工作。

　　(3) 检查冷凝器、软管和连接管接头是否存在扭结或者安装不到位。

　　(4) 确认空调压缩机传动皮带是否需要更换。

(5) 检查蒸发器的引流管是否堵塞。如果存在堵塞将会造成蒸发器处的冷凝水无法排出并滋生细菌，从而使车厢内产生异味。同时可能会导致挡风玻璃结雾或乘客侧地板积水，在极端的情况下，可能会造成车身锈蚀腐烂。

2. 视液镜检查

有些车辆制冷循环系统设计有视液镜，通过视液镜可以观察循环系统的运行情况，也就是说通过视液镜能够用肉眼目视检查制冷剂在系统内的情况。膨胀阀式空调系统多配备有视液镜，而节流管式空调系统通常没有配置。视液镜一般情况下会安装在储液干燥器或管路上，如图2-6所示。

图 2-6 储液干燥的视液镜位置

通过储液干燥器上的观测孔检查制冷剂的循环状况时，应启动汽车预热至正常工作温度，开启空调系统的鼓风机，按下 A/C 开关使空调压缩机工作，将空调进风模式选定为外循环模式，将鼓风机调速开关调至最高速位置，将调温旋钮调至温度最低位置，打开汽车所有车窗，使制冷系统处于最大制冷负荷状态。待空调出风口持续稳定地送出冷气后，打开发动机室罩盖，擦净储液干燥器视液镜(有的车型的储液干燥器视液镜在制冷循环管路上)，观察窗口内液体情况。可能会有如图2-7所示的几种情况，可根据实际情况判断制冷剂量的多少。

(1) 液体不透明，没有气泡生成，能看见雾状气体，表明制冷剂量过多或完全没有制冷剂。若完全没有制冷剂，出风口不会有冷风，如图2-7(a)所示。

(2) 液体几乎透明，少量气泡生成，随着电动机转速升高，气泡逐渐消失，属于制冷剂量正常情况，如图2-7(b)所示。

(3) 液体不太透明，有大量气泡生成且在流动，表明系统中制冷剂量不足，即制冷剂有泄漏，如图2-7(c)所示。

(4) 若视液镜变得混浊，表明干燥剂脱落或系统中有水分。

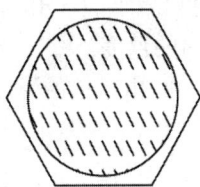

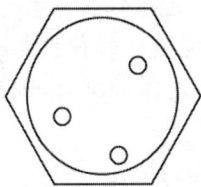

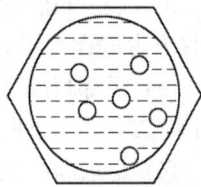

(a) 制冷剂量过多或完全没有制冷剂   (b) 制冷剂量正常   (c) 制冷剂量不足

图 2-7 通过储液干燥器视液镜观察制冷剂的几种情况

3. 温度和压力检查

制冷循环系统中温度和压力有着直接的关系，随着环境温度的升高，冷凝器需要加大对高压侧的散热。高压侧制冷剂的温度高于环境温度，这样才能保证冷凝器可以散发足够的热量。此外，较高的环境温度和湿度将意味着蒸发器上的热负荷更大，这也需要冷凝器释放更大的热量。

在一个正常运行的空调制冷循环系统中，用手接触不同的组件所得到的感觉是不同的。了解各个部件及管路的"冷""热"温度状况，也可以帮助我们对空调系统进行诊断。连接压缩机和冷凝器的高压管温度相对很高，可达 70～80℃以上(避免用手直接触摸)；连接冷凝器和膨胀阀的高压管(包括储液干燥器)温度可达 40～60℃；经过膨胀阀或节流管后的管路，温度会明显下降，温度为 0～3℃；蒸发器出口到压缩机的管路也比较凉，温度为 0～5℃。

膨胀阀或节流管不仅是高压和低压的分界点，同样还是高温和低温的分界点。当熟悉了系统正常运行时各个组成部件的温度后，就可以使用这一特性帮助我们对故障原因进行分析及确认。例如：通过触摸感觉到高压侧温热而低压侧稍凉，可怀疑是因为制冷剂不足造成的制冷效果差；触摸高、低压侧温度感觉无区别，可以说明系统无制冷剂或者制冷循环系统未运行；触摸感觉高压侧过热，可能是因制冷剂加注过量或者冷凝器散热不良等。高压侧的压力直接关系到其所产生热量的多少，也间接地决定了冷凝器的散热负担。低压侧压力决定了制冷剂的沸点及蒸发器的温度。如果低压侧压力过高，制冷剂的沸点和蒸发器的温度将会很高。低压侧压力过低则会导致蒸发器的温度过低，使其表面结霜，影响潜热的吸收，致使蒸发器中的制冷剂无法完全转换为气态。因此，熟悉了制冷系统的温度和压力的关系将有助于空调系统的故障检查。

4. 性能测试

当完成制冷系统的常规检查或者怀疑制冷系统有问题时，还可以对系统进行性能测试。操作步骤如下：

(1) 将车辆停放在通风良好的车间内，连接尾气抽排系统。

(2) 当车辆运转时，测量并记录冷凝器前面一定距离内(大约 10 cm 左右)的外部环境温度。

(3) 连接压力表组或制冷剂回收/再生/充注机，读取系统高压侧和低压侧的压力。当制冷系统没有运行时，高压表和低压表将显示相同的压力值；如果只有一个压力表有压力数据，则另外一个压力表可能连接不到位；如果两个压力值都接近于大气压力值，说明该系统内部可能没有制冷剂。

(4) 关闭除驾驶员侧以外的所有车门及车窗(驾驶员侧车门关闭、车窗保持打开约 12～15 cm)、鼓风机转速调整到最高档、温度调整到最冷位置、空调出风口置于面部出风位置。在仪表台的面部出风口处放置一个温度计或者温度表来测量驾驶室内的温度。

(5) 运行制冷系统，并使车辆转速保持在 1500 r/min 约五分钟。此时出风口的温度范围应该在 2～7℃之间。

(6) 记录高压表与低压表上的压力值。

(7) 关闭车辆，查阅维修手册中空调系统性能表。将实际测量出的高、低压力值和出风口的温度值进行对比，确定空调系统性能是否良好。

2.2.2　制冷系统检漏

1. 外观检漏

因在汽车空调制冷系统中冷冻机油能与制冷剂以任意比例互溶，制冷剂泄漏的同时也会将部分冷冻机油带出，所以在有制冷剂泄漏的部位通常都会有油污的痕迹，但极微量的泄漏痕迹就不太明显了。可通过目视或用手直接接触来检查制冷系统各接头是否有冷冻机油泄漏来判断泄漏点。此方法的优点是不需要利用任何仪器，操作方便、快捷；缺点是不容易观察到比较隐蔽的部位或者制冷剂极微量泄漏的部位。目视检查到怀疑泄漏点后，要再用其他方法进行确认。

2. 压力检漏

压力检漏法是在制冷系统没有制冷剂的情况下，将一定压力的氮气加入到系统中，然后连接歧管压力表组观察指针变化，如果压力在一定时间内出现下降，说明系统存在泄漏。当出现泄漏时，可以辅以肥皂水进一步确认泄漏部位。肥皂水检漏法的操作步骤如下：擦净被检漏部件，把肥皂水刷在可能泄漏的部位，若某部位有泄漏，便会出现气泡。此方法的优点是操作方便、快捷；缺点是不容易检查比较隐蔽或空间狭窄的部位。

3. 真空检漏

真空检漏法需要连接设备，然后对系统抽真空，观察表针变化从而判断系统是否存在泄漏。保持系统为真空状态的时间通常不少于 60 分钟。如果表针没有变化，说明系统没有泄漏。如果表针回升说明系统存在泄漏。此种方法通常只用来判断系统是否存在泄漏，而要检查具体泄漏部位还要辅以其他的几种检漏方法。

4. 电子检漏仪检漏

电子检漏仪的功能、内部结构及操作面板见项目一。

1) HL100+电子检漏仪的操作步骤

(1) 检查前准备。用目视法先检查一下可能出现泄漏的部位有没有明显的油污或湿尘，初步判断可能的泄漏点，并将其清洁干净。

(2) 开机。长按电源开关键开机，所有的 LED 指示灯持续亮起 3 s，检漏仪部件进入自动复位阶段。复位结束后应只有左边的第一个 LED 灯亮起，此时其他 LED 灯都是不亮的，检漏仪发出有规律的"嘀嗒"声，此时检漏仪处于待检状态，工作正常，如图 2-8 所示。

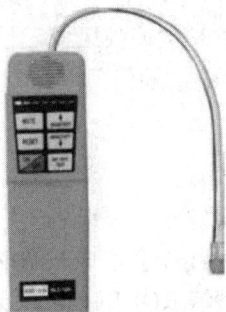

图 2-8　将检漏仪设置到待检状态

(3) 调节灵敏度。通过灵敏度选择键调节灵敏度，一般先将灵敏度调至中等。

(4) 检测泄漏。将检漏仪的探头指向被检元件，探头与被检元件保持 2～3 mm 的距离，以 1 cm/s 的速度移动。当检漏仪红灯亮起且红灯数量逐渐增加，并伴有报警声频度增高时，说明有制冷剂泄漏现象，如图 2-9 所示。

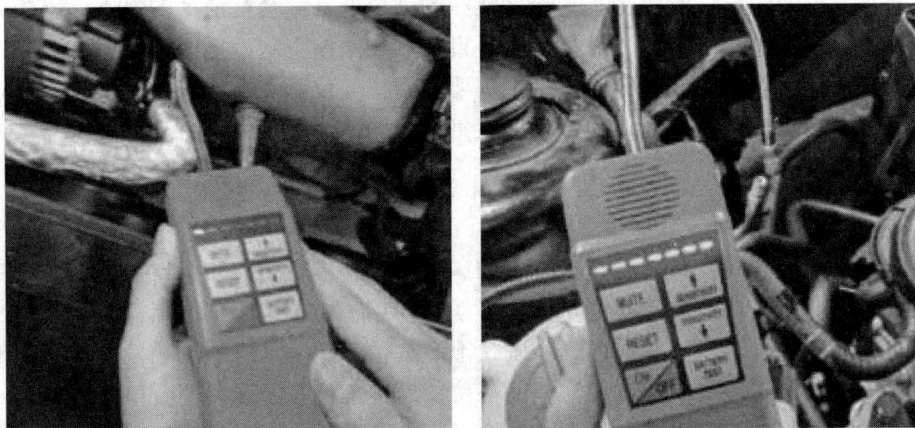

图 2-9　使用检漏仪检测到泄漏点

(5) 泄漏点确认。当检测到某处疑似泄漏部位时，将检漏仪探头移开，按下重设键进行复位，并可适当将灵敏度调低，再次对疑似泄漏部位进行检测。一般重复步骤(3)和(4)来确认是否有泄漏。

2) 电子检漏仪的使用注意事项

(1) 为了检测制冷系统中的泄漏点，系统本身需要有正常的操作压力，或者至少局部压力为 0.35 MPa。当环境温度低于 15℃时，压力就会低于系统需要的最低压力，有可能无法检测到泄漏点。在这种情况下，找不到泄漏点并不意味着没有泄漏。

(2) 泄漏区域通常有冷冻机油或者灰尘等污物，注意检测时不要接触到污物。

(3) 电子检漏仪的功能是检测探头卤素级别的相对变化，要想定位则需要相关专业人员手动调节灵敏度，或按需要复位，然后按照建议进行检测。

(4) 在受到卤素污染的环境中，使用重设键可以忽略环境背景泄漏量，在对电子检漏仪进行复位设置时要确保不能离开这种受污染的环境。

(5) 有风时，泄漏的卤素制冷剂气体可能会被迅速稀释或从漏源中被吹走。应使用遮风装置在检测时隔绝泄漏区域，或暂时关掉鼓风机。

(6) 要避免错误报警，探头要避免接触任何潮湿物品或其他溶剂。

5. 荧光检漏

荧光检漏采用示踪染料和紫外线灯组合。将示踪染料注入到制冷系统中，如果存在泄漏，示踪染料在紫外线照射下呈现黄绿色，系统各处有无荧光物质是判断是否泄漏的主要依据。值得注意的是，直接观看紫外线光会造成眼睛的伤害，所以在检查过程中要佩戴有色眼镜来完成操作。下面将以罗宾耐尔(ROBINAIR)荧光检漏仪为例，介绍使用荧光检漏仪对汽车空调制冷系统进行检漏的方法。

采用荧光检漏仪进行检漏。操作步骤如下：

(1) 将荧光剂瓶的封口拉开，将荧光剂瓶与注射管连接，顺时针旋转并拧紧，如图 2-10 所示。

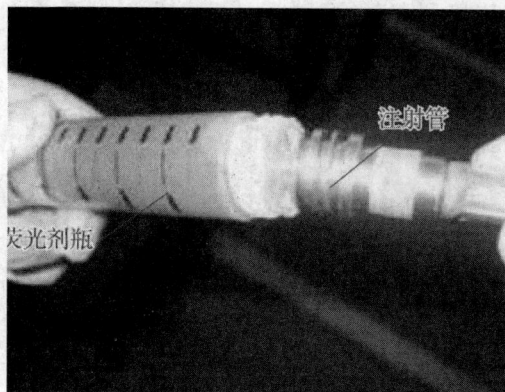

图 2-10　荧光剂瓶与注射管连接

(2) 调整注射枪活塞位置，将荧光剂瓶装在注射枪上，如图 2-11 所示。

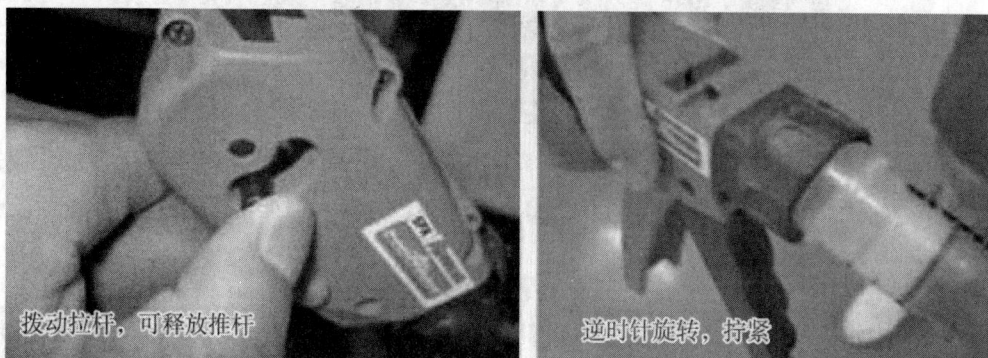

图 2-11　荧光剂瓶与注射枪的连接

(3) 将注射管连接到制冷系统的低压侧检修阀上，如图 2-12 所示，扳动注射枪扣把，向系统注射 1～2 格剂量的荧光剂。因车型大小不同，剂量略有差异。注意：在向制冷系统注射荧光剂前，应确保管路中无压力(即已释放掉制冷剂或已抽真空)。

图 2-12　向制冷系统注射荧光剂

(4) 将注射管的阀门接头从制冷系统低压侧检修阀上拆下。

(5) 向制冷系统加注制冷剂，并清洁制冷系统低压侧检修阀处的荧光剂。

(6) 启动电动机，打开空调系统，让空调压缩机运行 10 min 以上，使荧光剂充分循环。

(7) 将射灯的电源夹连接到汽车的蓄电池上。按压射灯开关，使射灯有光射出，如图 2-13 所示。

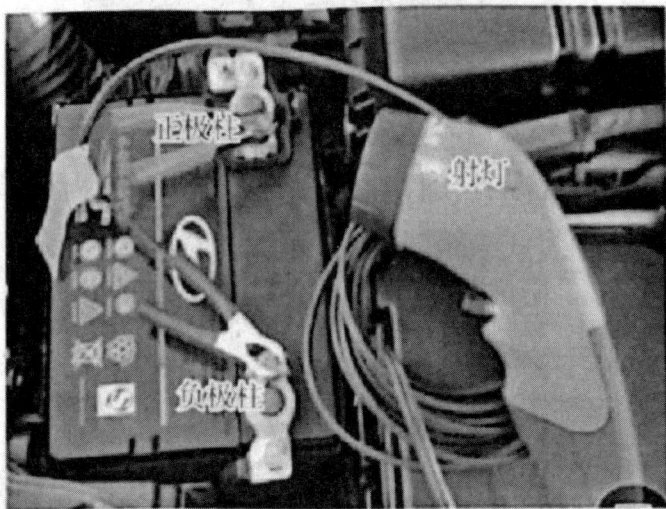

图 2-13　射灯的使用方法

(8) 戴上有色眼镜，用射灯照射可能泄漏的部位，如图 2-14。若发现有黄绿色痕迹，说明荧光剂渗出，表明此处有漏点。

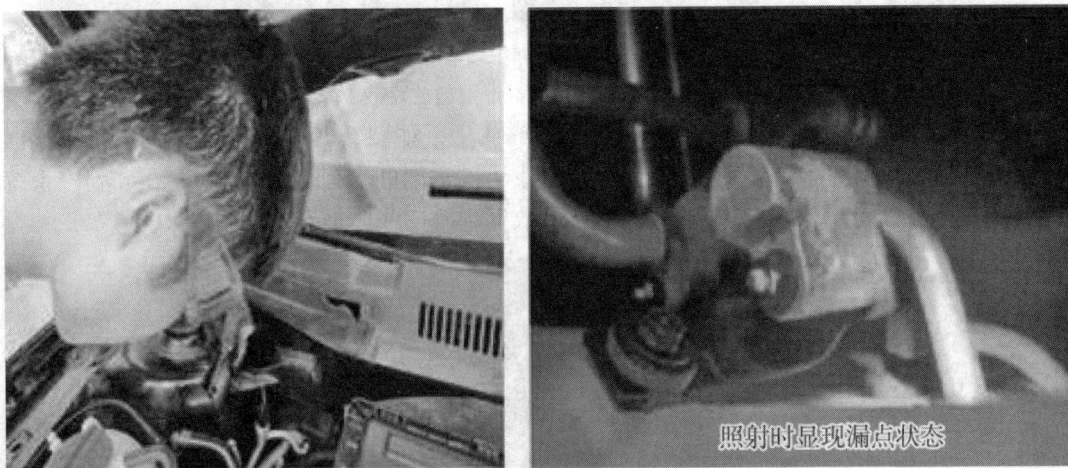

图 2-14　用射灯检测泄漏部位

电子检漏仪在泄漏发生过程中检测更加有效，荧光检漏则不同，即使泄漏刚刚发生，荧光物质也会遗留在泄漏区域，曾经的泄漏也可以被检测到。因此，有效的检漏方法应该是首先用电子检漏仪检查，如果没有检测到泄漏，再用荧光检漏法进行检查。

2.2.3　任务实施

实训题目	汽车空调制冷剂泄漏故障的诊断				
工具					
班级		时间		地点	
内　　容					

Step1. 导学

车主反映新能源汽车夏天开空调制冷效果不好，一个月前在修理厂加过两次空调制冷剂，初步判断为制冷剂发生泄漏。经和车主沟通后，决定对制冷剂循环系统进行故障诊断。

Step2. 信息

1. 作业前准备。

(1) 首先保证规范的着装；

(2) 在车辆周围应当拉设　　安全围挡　　；

(3) 为了防止车辆着火，发生火灾，应当在作业前检查　灭火器　　；

(4) 在车辆前方需要放置　　安全警示牌　　；

(5) 为了保证我们的安全，在工作前我们要准备好 安全帽、绝缘手套、护目镜/面罩、绝缘鞋 四件套。

2. 检查所需要用到的检修工具。

(1) 作业所需要用到的工具有：毛巾、梅花扳手、螺丝刀、万用表　　；

(2) 在作业前需要检查维修手册、电路图是否完备；

(3) 在作业前要测量绝缘地垫的绝缘电阻，测量的标准值应当是大于 20 MΩ。

3. 基本知识。

(1) 整套空调系统由压缩机、两台并联的蒸发器、一台冷凝器、连接管路及相关的附件组成；

(2) 空调系统使用 HFC-134a(R134a) 型制冷剂；

(3) 本空调系统制冷剂、压缩机油以及零部件与 CFC-12(R12)空调系统之间是(可以/不可以)互换的 。

注意：在补充或更换制冷剂及压缩机油和在更换零部件时，务必使用合适空调系统的材料或部件，只要有一件被错用，就会导致制冷剂渗漏、部件损坏或其他故障状态。

4. 汽车空调制冷剂泄漏故障的诊断流程表。

诊断流程	现象记录
(1) 观察外部迹象	显示现象＿＿＿＿＿＿
(2) 检查压力表	显示现象＿＿＿＿＿＿
(3) 使用肥皂水气泡检测	显示现象＿＿＿＿＿＿
(4) 检查密封件	显示现象＿＿＿＿＿＿
(5) 使用电子检漏仪	显示现象＿＿＿＿＿＿

5. 注意事项。

在诊断和处理过程中，务必关注个人安全和环境保护。避免接触制冷剂直接暴露在皮肤上，并避免排放到大气中。

如果对汽车空调系统不熟悉或者没有相关经验，建议寻求专业技术人员的帮助。

根据汽车品牌和型号的不同，诊断和处理流程可能会有所差异。在具体操作时，请参考汽车制造商提供的相关技术资料和操作手册。

通过以上的诊断与处理流程，我们可以准确地判断汽车空调制冷剂泄漏故障，并采取相应的修复措施。及时修复制冷剂泄漏问题，能够保证汽车空调系统的正常工作，提高驾驶舒适性和安全性。

Step3. 规划

1. 接受并解析用户委托书讨论如何与用户沟通，列出所有"问诊"话术，尽可能地得到"解决用户反映的问题"的线索。

2. 通过与用户沟通，收集车辆信息，询问故障现象的前后经过，确定工作内容。

＿＿＿＿＿＿＿＿＿＿＿＿＿＿＿＿＿＿＿＿＿＿＿＿＿＿＿＿＿＿＿＿

＿＿＿＿＿＿＿＿＿＿＿＿＿＿＿＿＿＿＿＿＿＿＿＿＿＿＿＿＿＿＿＿

＿＿＿＿＿＿＿＿＿＿＿＿＿＿＿＿＿＿＿＿＿＿＿＿＿＿＿＿＿＿＿＿

3. 小组讨论如何与用户沟通，告诉用户初步的解决方案、工作计划、条件许可时可预估维修预算和维修工时。形成海报并进行展示。

＿＿＿＿＿＿＿＿＿＿＿＿＿＿＿＿＿＿＿＿＿＿＿＿＿＿＿＿＿＿＿＿

＿＿＿＿＿＿＿＿＿＿＿＿＿＿＿＿＿＿＿＿＿＿＿＿＿＿＿＿＿＿＿＿

＿＿＿＿＿＿＿＿＿＿＿＿＿＿＿＿＿＿＿＿＿＿＿＿＿＿＿＿＿＿＿＿

＿＿＿＿＿＿＿＿＿＿＿＿＿＿＿＿＿＿＿＿＿＿＿＿＿＿＿＿＿＿＿＿

Step4. 决策

根据与用户的交流信息及实车初步的功能检查所收集到的信息,在之前信息分析的海报上完善所列出的制冷剂泄漏故障诊断操作流程。

_____

_____

_____

_____

Step5. 执行

根据 Step4 罗列操作前的安全注意事项,决策所确定的流程完成下列各项(如不涉及可不填)。

1. 安全注意事项:＿＿＿＿＿＿＿＿＿＿＿＿＿＿＿＿＿＿＿＿＿

_____

2. 工作方案:

_____

_____

_____

_____

3. 场地、设备及车辆:

_____

_____

_____

_____

4. 在组长的组织下完成执行过程记录,形成展示的海报。

_____

_____

_____

_____

Step6. 检查

1. 检查车辆仪表的故障灯是否还亮;

2. 检查故障码是否已经完全清除;

3. 检查车辆其他功能是否正常；

4. 检查工具是否全部归位；

5. 检查设备是否全部归位；

6. 检查工作场地是否清洁；

7. 完成以上工作后，向"用户"解释故障原因的话术填写在下面。

_____

_____

_____

Step7. 评判

自我反思，发现自己的不足，对实操过程进行总结和评价。或者针对实操过程中其他组的同学表现进行评价，评价指标不限于以下内容：

评价内容	评价指标(各项满分10分)	评价结果
工具设备	工具使用规范：有落地扣1分，工具选用错误扣1分，工具摆放凌乱扣1分，工具未清洁扣1分	
流程掌握	流程漏项扣1分，流程错误扣3分，没有流程为0分	
交流互助	由于交流不到位导致工作不畅扣1分，实习过程中没有交流扣1分	
完成速度	第一得10分，第二得8分，第三得7分	
安全意识	在操作中出现安全隐患得分为0，车辆保护未到位扣2分	

Step8. 系统化

通过老师对学习成果的总结，对预备知识和后续学习情景之间的联系进行记录，并记录下节课的学习任务。

任务 2.3　回收与充注空调制冷剂

任务目标

知识目标	技能目标	素养目标
了解新能源汽车制冷剂回收加注的方法	掌握使用压力表组回收与充注制冷剂的方法	树立环保及绿色维修观念；养成小组合作学习的良好习惯及探究、质疑的工匠精神
熟悉制冷剂回收与充注的注意事项	掌握使用充注机回收与充注制冷剂的方法	

2.3.1　使用压力表组回收与充注制冷剂

若新能源汽车空调系统制冷剂泄漏、被污染或者要更换制冷剂，此时需要回收与充注空调制冷剂。完成制冷剂回收及充注的操作要借助相应的专用设备，这些设备包括压力表组或充注机等，其回收与充注的操作方法与传统汽车空调的操作方法基本一致。为了分辨制冷剂的污染程度，还需要在回收与充注制冷剂之前对制冷剂进行纯度分析，纯度分析方法见任务 2.1.2 部分。根据回收及充注制冷剂所采用的设备不同，一种方法是使用压力表组回收与充注制冷剂，另一种方法是使用充注一体机回收与充注制冷剂。

压力表组结构简单，操作便携，是检修制冷系统较为常用的工具，如图 2-15 所示。压力表组可以完成制冷剂的回收及充注，也可以用于执行系统压力的检查及抽真空等操作。

图 2-15　压力表组

1. 设备介绍

压力表组包括：压力表、充注管、开关阀、截止阀、快速接头等部件，如图 2-16 所示。另外，如果使用小型存储罐(250 g)加注制冷剂，还需要配套的存储罐开关阀。

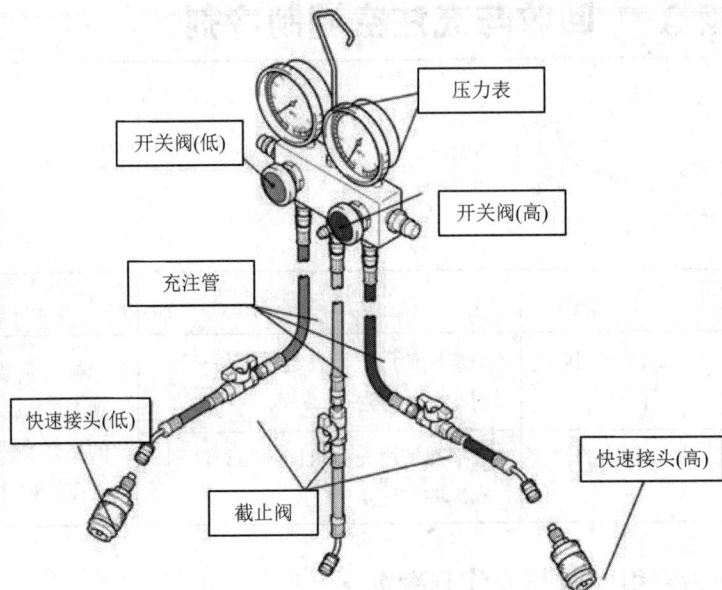

图 2-16　压力表组的组成

1) 压力表

压力表分为高压表(HI)和低压表(LO)，高压表用于读取制冷循环系统高压侧的压力，低压表用于读取低压侧的压力，如图 2-17 所示。

图 2-17　压力表

两种压力表上的刻度有所区别，高压表量程为 0 MPa～3 MPa。低压表既可以显示压力，也可以显示真空度，一般真空度量程为 0～101.3 kPa，而压力量程范围为 0～1.5 MPa。

2) 充注管

连接低压压力表的充注软管颜色为蓝色，连接高压压力表的充注软管颜色为红色。中间充注软管为黄色，用于连接真空泵或储液罐，完成系统的抽真空或者制冷剂的回收与充注。软管一端为直形，一端为 L 形，直的软管接头连接到压力表，L 形一端连接检修用的快速接头。

3) 开关阀

压力表的安装基座前面会有两个开关阀，通过旋转可以打开和关闭阀门。LO 代表低压阀，HI 代表高压阀。

4) 截止阀

在制冷系统检修过程中如果需要从系统中拆下充注管，首先要关闭充注软管上的截止阀以减少制冷剂从软管中的排出量。注意：在压力表组不用时，为了防止污染物和潮气进入压力表组，通常在存放前，要把各连接软管的快速接头连接到压力表组的对应接口上，如图 2-18 所示。

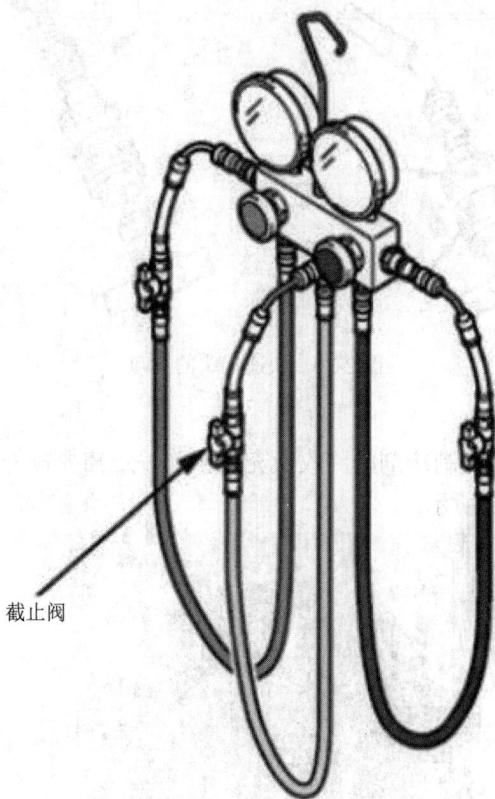

截止阀

图 2-18 截止阀的位置

5) 快速接头

压力表组的快速接口设计为带回流防止阀的结构，使用时推压快速接头的 A 部分，直到牢固卡入检修接口，当完成连接后能听到一声清脆的"咔嗒"声，如图 2-19 所示。

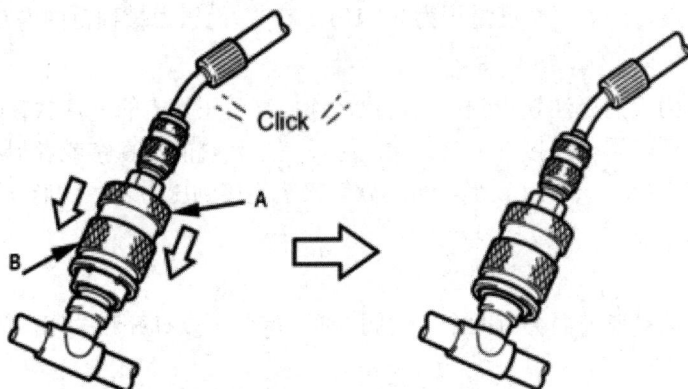

图 2-19　快速接头的安装

拆卸快速接头时，上拉并固定快速接头 A 部分，同时滑动快速接头的 B 部分(管接头)，便可完成拆卸，如图 2-20 所示。

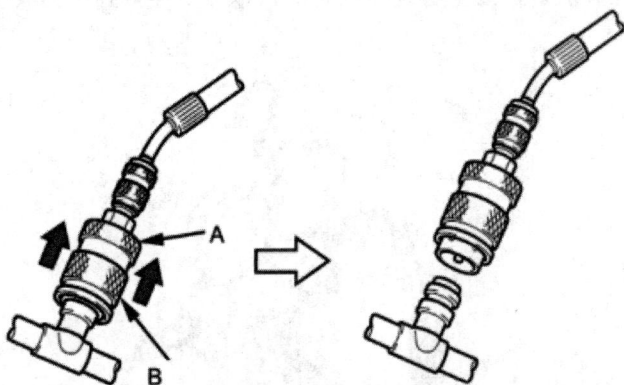

图 2-20　快速接头的拆卸

2. 回收及充注操作

要想使用压力表组完成制冷剂的回收及充注操作，还需要额外配置回收单元及真空泵等设备，真空泵如图 2-21 所示。

图 2-21　真空泵

使用压力表组完成制冷剂回收和充注时，将红色充注软管连接到高压管路的检修接口上，蓝色充注软管连接到低压管路的检修接口上，中间的黄色软管根据操作程序不同，先后连接回收单元、真空泵或制冷剂存储罐，如图 2-22 所示。

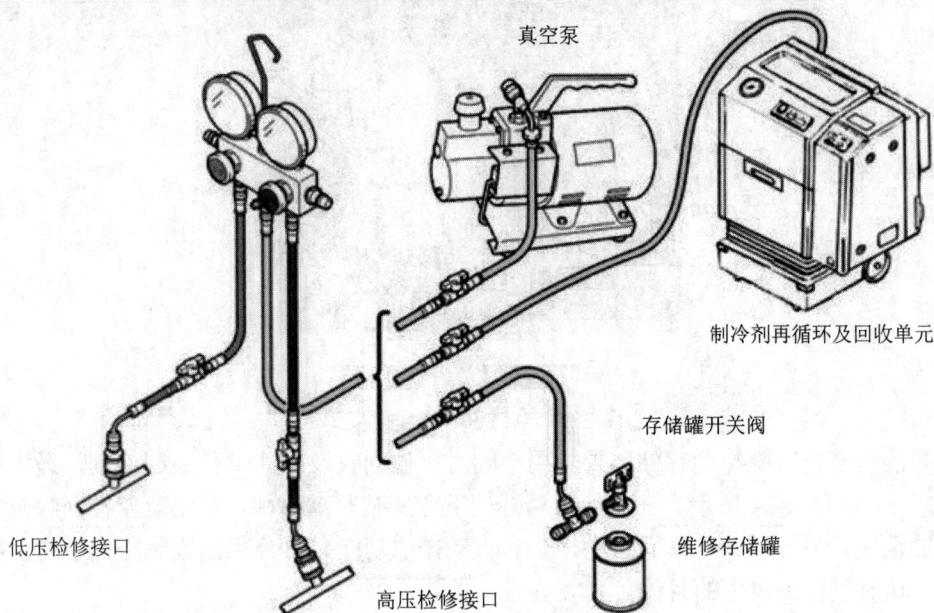

图 2-22　压力表组的连接

由于使用压力表组进行制冷剂回收与充注过程还需要额外配备对应的回收单元或真空泵，操作比较复杂，因此压力表组目前主要是承担系统压力的检测及维修过程中制冷剂补充充注的简单工作。

2.3.2　使用充注一体机

充注一体机又叫制冷剂回收/再生/加注机，是将压力表组、真空泵、回收单元、存储罐等集成为一体，并通过相应的控制模块对各部件的工作进行控制，操作过程中只需要按动按键，即可完成制冷剂的回收及充注等工作过程。另外，有些充注一体机在本身内置了一个制冷剂分析装置，相比压力表组，其结构复杂但功能齐全。

1. 设备介绍

我们以 ROBINAIR AC350C(简称 AC350C)型号的充注一体机为例，介绍其相关操作。该设备具备制冷剂的回收、再生、充注、检漏(保压)、抽真空、自动补充冷冻油等功能(制冷剂纯度分析功能除外)。其操作面板如图 2-23 所示。

在控制面板显示屏的下方有各种功能按键，可以进行各项功能的选择，如：排气、回收、抽真空、充注、菜单等，并且可以通过数字键和字母键对所选择的功能进行更详细的操作。

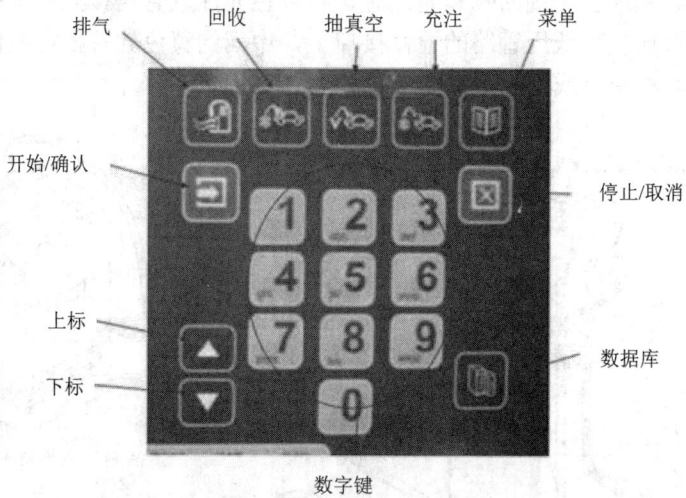

图 2-23 AC350C 操作面板

　　设备的内部自带制冷剂存储装置，用于临时存储回收及加注过程中制冷剂，最大存储量为 10 kg，如图 2-24 所示。在内部存储罐的下方安装有重量秤，可实时监控回收及加注制冷剂的重量。另外设备还具有自动净化和自动排油功能，可分离回收制冷剂中的杂质和冷冻油，达到制冷剂再生的目的。

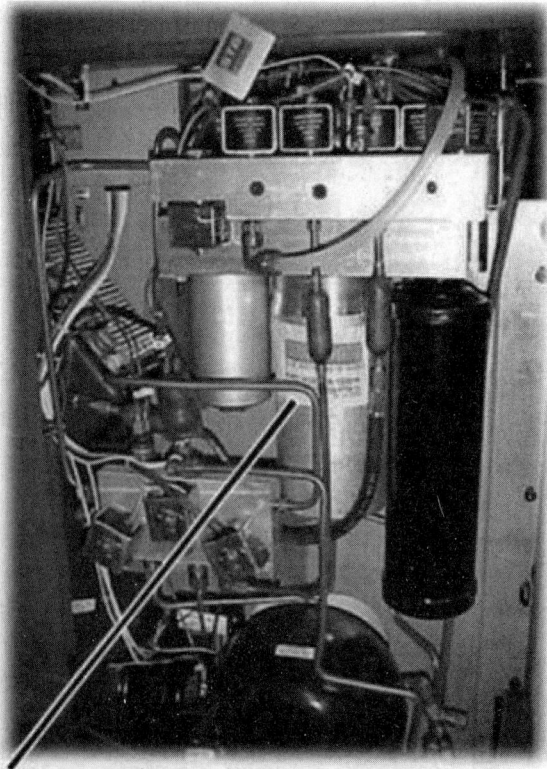

图 2-24 内部储液装置

2. 回收及充注操作

1) 制冷剂回收

首先将 AC350C 开机，设备会自动进入半自动模式，我们在操作时可以根据设备相关的提示完成排气、回收、抽真空或者充注过程的操作。我们在日常的操作中，也可以独立地操作设备的排气、回收、抽真空、充注各个过程。

开机后设备显示屏会显示主菜单，其中包括存储罐内的制冷剂重量。按照提示进行设备的排气操作，排气完成后，屏幕会提示进行制冷剂回收，请按压"制冷剂回收"功能键，根据屏幕提示依次完成下列操作。

(1) 将红、蓝色软管上的快速接头连接到汽车空调对应的接口上，如图 2-25(a)所示。

(a) 接高低压检测管

(b) 开高低压阀门

图 2-25　AC350C 制冷剂回收

(2) 打开控制面板上红、蓝色高、低压两个阀门(手柄箭头指向左边为开)，如图 2-25(b) 所示。

(3) 确保管路连接完毕，并打开开关阀后，输入需要回收制冷剂的重量。

(4) 按"回收键"后显示屏上显示：回收前清理管路 1 min，并开始倒计时显示，管路清理是为了清除设备自循环时管路中的制冷剂。

(5) 完成管路清理后按"确认"键，设备开始回收工作，同时显示屏上将显示回收制冷剂。

2) 制冷剂充注

无论使用何种设备进行制冷剂充注，都需要完成抽真空—保压—补充冷冻油—充注制冷剂的操作步骤。只有确认制冷循环系统已处于真空状态，且冷冻油添加完毕，系统无泄漏时，才能进行制冷剂充注。根据设备提示进入抽真空操作菜单。此时利用数字键设定抽空时间，按下确认键，设备开始抽真空，时间到后抽真空即完成，根据界面提示信息，按下确认键进行系统保压。注意：加注前请务必确认系统处于真空状态，否则不能进行制冷剂加注。

当确定制冷循环系统无泄漏后，补充加注冷冻油，注意冷冻油的加注量应等于回收量。在补充冷冻油之前，确认冷冻油注油瓶有无冷冻油，按下确认键进行注油。加注过程中通过观察注油瓶的油面变化确定已加注的油量，按下确认键，可暂停注油；按下取消键，可结束注油。

制冷剂充注作业时，AC350C 操作步骤及面板显示如下：

(1) 查阅《车辆使用手册》，确认制冷装置中制冷剂的类型及加注量。

(2) 检查工作罐中的制冷剂质量，当质量不足 3 kg 时，应予以补充。工作罐内制冷剂达到加注量的 3 倍，即可满足加注要求，如图 2-26 所示。

图 2-26　检查工作罐中的制冷剂质量

(3) 按下确认键，进入制冷剂充注菜单，按操作信息进行相应的设置：关闭低压阀，进行单管充注；设定充注重量(对照车辆铭牌信息或查看数据库，并通过数字键输入充注重量)，按下确认键，如图 2-27 所示。

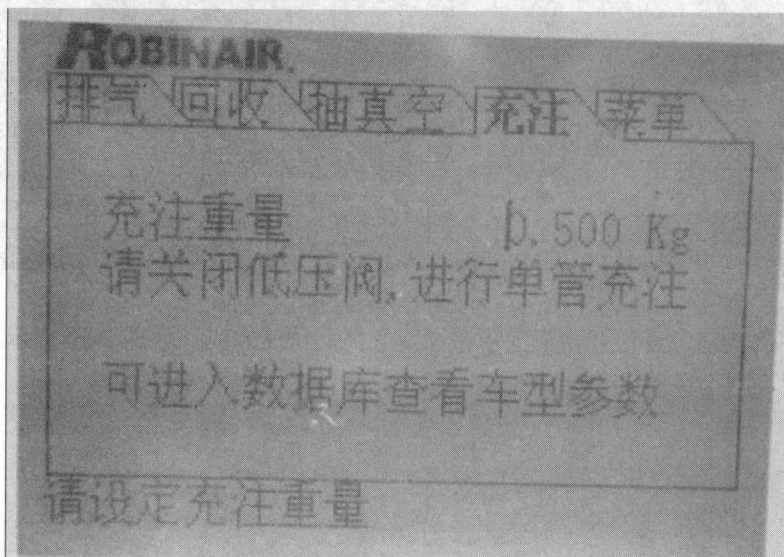

图 2-27　设定制冷剂的充注重量

(4) 根据界面要求，采用单管加注，关闭低压阀(防止液态制冷剂进入压缩机)，逆时针旋转低压快速接头(防止加注的制冷剂从低压检测口出来)，打开高压阀，如图 2-28 所示。

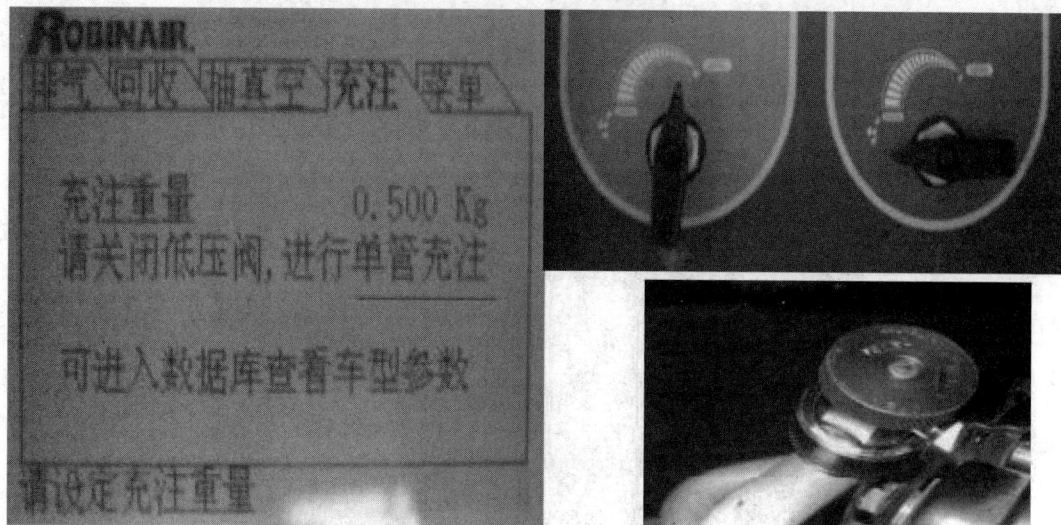

图 2-28　单管充注

(5) 按确认键进行制冷剂充注。

(6) 加注结束，根据界面显示，高压快速接头逆时针旋转，将加注管与制冷系统断开，准备对管路清洁，如图 2-29 所示。

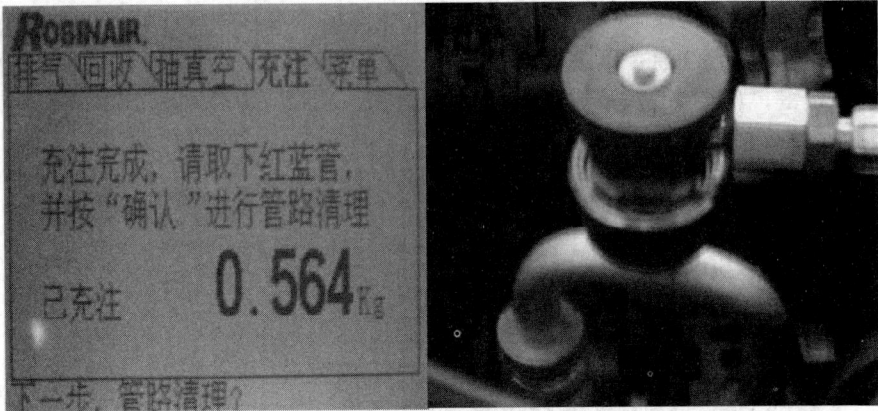

图 2-29　充注结束

(7) 按下确认键。设备开始清理管路，两分钟后自动完成，如图 2-30 所示。

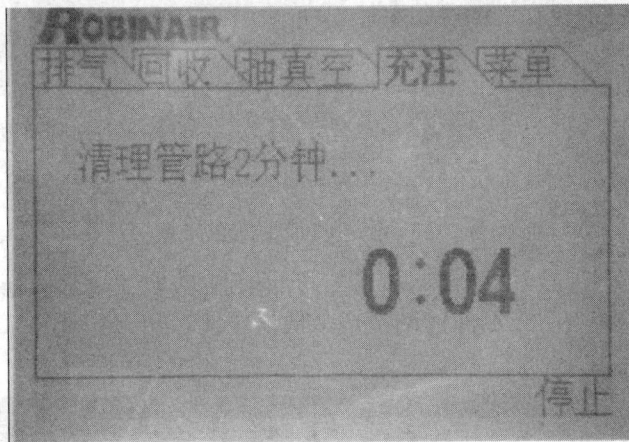

图 2-30　清理管路

(8) 关闭控制面板上的阀门，将高低压软管从车上取下，如图 2-31 所示。

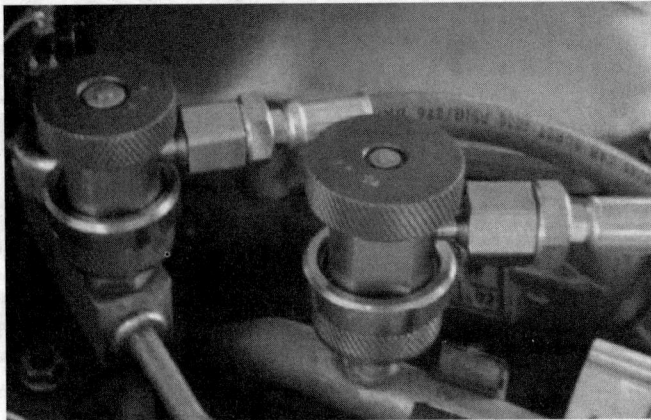

图 2-31　取下高低压软管

2.3.3　任务实施

实训题目	使用 AC350C 制冷剂回收/充注机充注制冷剂				
工具					
班级		时间		地点	

内　　　容

Step1. 导学

一辆新能源汽车因在路边店重新加注制冷剂，二个月后，空调冷风不冷，经检测制冷剂纯度后发现制冷剂纯度不满足要求，现在车主要求你进行维修，你知道怎么办吗？

Step2. 信息

1. 作业前准备。

(1) 首先保证规范的着装；

(2) 在车辆周围应当拉设 ___安全围挡___；

(3) 为了防止车辆着火，发生火灾，应当在作业前检查 __灭火器__；

(4) 在车辆前方需要放置___安全警示牌___；

(5) 为了保证我们的安全，在工作前我们要准备好__安全帽__、__绝缘手套__、__护目镜/面罩__、__绝缘鞋__ __四件套__。

2. 检查所需要用到的检修工具。

(1) 作业所需要用到的工具有：__毛巾、梅花扳手、螺丝刀、万用表__；

(2) 在作业前需要检查维修手册、电路图是否完备；

(3) 在作业前要测量绝缘地垫的绝缘电阻，测量的标准值应当是大于 20 MΩ。

3. 基本知识。

(1) 整套空调系统由__压缩机、两台并联的蒸发器、一台冷凝器、连接管路__及相关的附件组成；

(2) 空调系统使用 __HFC-134a(R134a)__ 型制冷剂；

(3) 本空调系统制冷剂、压缩机油以及零部件与 __CFC-12(R12)__空调系统之间是(可以/不可以)互换的。

注意：在补充或更换制冷剂及压缩机油和在更换零部件时，务必令使用的材料或部件适用于装在正在被维修的汽车内的空调，只要有一件被错用，就会导致制冷剂渗漏，部件损坏或其他故障状态。

4. 使用 AC350C 制冷剂回收/充注机充注制冷剂实施，充注步骤如下表

充注步骤	现象记录
(1) 准备	显示现象＿＿＿＿＿＿＿＿＿
(2) 排气	显示现象＿＿＿＿＿＿＿＿＿
(3) 回收制冷剂	显示现象＿＿＿＿＿＿＿＿＿
(4) 排油	显示现象＿＿＿＿＿＿＿＿＿
(5) 第一次抽真空	
(6) 保压检漏	
(7) 加注冷冻油	
(8) 第二次抽真空	
(9) 高压侧加注制冷剂	
(10) 管路回收	
(11) 空调性能判断	

Step3. 规划

1. 接受并解析用户委托书讨论如何与用户沟通，列出所有"问诊"话术，尽可能地得到"解决用户反映的问题"的线索。

2. 通过与用户沟通，收集车辆信息，询问故障现象的前后经过，确定工作内容。

＿＿＿＿＿＿＿＿＿＿＿＿＿＿＿＿＿＿＿＿＿＿＿＿＿＿＿＿＿＿＿＿＿＿＿

＿＿＿＿＿＿＿＿＿＿＿＿＿＿＿＿＿＿＿＿＿＿＿＿＿＿＿＿＿＿＿＿＿＿＿

＿＿＿＿＿＿＿＿＿＿＿＿＿＿＿＿＿＿＿＿＿＿＿＿＿＿＿＿＿＿＿＿＿＿＿

＿＿＿＿＿＿＿＿＿＿＿＿＿＿＿＿＿＿＿＿＿＿＿＿＿＿＿＿＿＿＿＿＿＿＿

3. 小组讨论如何与用户沟通，告诉用户初步的解决方案、工作计划、条件许可时可预估维修预算和维修工时。形成海报并进行展示。

＿＿＿＿＿＿＿＿＿＿＿＿＿＿＿＿＿＿＿＿＿＿＿＿＿＿＿＿＿＿＿＿＿＿＿

＿＿＿＿＿＿＿＿＿＿＿＿＿＿＿＿＿＿＿＿＿＿＿＿＿＿＿＿＿＿＿＿＿＿＿

＿＿＿＿＿＿＿＿＿＿＿＿＿＿＿＿＿＿＿＿＿＿＿＿＿＿＿＿＿＿＿＿＿＿＿

＿＿＿＿＿＿＿＿＿＿＿＿＿＿＿＿＿＿＿＿＿＿＿＿＿＿＿＿＿＿＿＿＿＿＿

Step4. 决策

根据与用户的交流信息及实车初步的功能检查所收集到的信息，在之前信息分析的海报上完善所列出的制冷剂回收充注机操作流程。

_____

_____

_____

_____

_____

Step5. 执行

根据 Step4 罗列操作前的安全注意事项，决策所确定的流程完成下列各项(如不涉及可不填)。

1. 安全注意事项：_____

_____

2. 工作方案：

_____

_____

_____

_____

3. 场地、设备及车辆：

_____

_____

_____

_____

4. 在组长的组织下完成执行过程记录，形成展示的海报。

_____

_____

_____

_____

Step6. 检查

1. 检查车辆仪表的故障灯是否还亮；

2. 检查故障码是否已经完全清除；

3. 检查车辆其他功能是否正常；

4. 检查工具是否全部归位；

5. 检查设备是否全部归位；

6. 检查工作场地是否清洁；

7. 完成以上工作后，向"用户"解释故障原因的话术填写在下面。

_____

_____

_____

_____

_____

Step7. 评判

自我反思，发现自己的不足，对实操过程进行总结和评价。或者针对实操过程中其他组的同学表现进行评价。评价指标不限于以下内容：

评价内容	评价指标(各项满分 10 分)	评价结果
工具设备	工具使用规范：有落地扣 1 分，工具选用错误扣 1 分，工具摆放凌乱扣 1 分，工具未清洁扣 1 分	
流程掌握	流程漏项扣 1 分，流程错误扣 3 分，没有流程为 0 分	
交流互助	由于交流不到位导致工作不畅扣 1 分，实习过程中没有交流扣 1 分	
完成速度	第一得 10 分，第二得 8 分，第三得 7 分	
安全意识	在操作中出现安全隐患得分为 0，车辆保护未到位扣 2 分	

Step8. 系统化

通过老师对学习成果的总结，对预备知识和后续学习情景之间的联系进行记录，并记录下节课的学习任务。

拓展阅读

王传福：新能源汽车时代的领航者

中国的新能源汽车发展史上，有一个名字不能忽视-王传福。这位从安徽芜湖走出来的企业家，凭借着前瞻的视野和坚定的信念，带领比亚迪在新能源汽车领域实现了弯道超车，成为了全球瞩目的新能源汽车领导者。

王传福的创业之路并不平坦。1995 年，他辞去了稳定的国企工作，创办了比亚迪公司，专注于电池的研发和生产。凭借对技术的执着追求和对市场的敏锐洞察，比亚迪在短时间内成为了全球领先的充电电池制造商。然而，王传福并没有止步于此，他看到了新能源汽车的巨大潜力和广阔前景，决定带领比亚迪跨界进入汽车领域。

2003 年，比亚迪正式进军汽车行业，开始了新能源汽车的探索之旅。面对外界的质疑和市场的挑战，王传福没有退缩，他坚信新能源是未来的趋势，坚信技术研发是突破的关键。他带领团队不断投入巨资进行技术研发，积极探索新能源汽车的核心技术。

经过多年的努力，比亚迪在新能源汽车领域取得了突破性的成果。他们成功研发出了多款纯电动车和混合动力汽车，成为了全球新能源汽车市场的佼佼者。特别是比亚迪的刀片电池技术，不仅提高了电池的能量密度和安全性，还降低了成本，推动了新能源汽车的普及。

王传福的领导力和商业眼光也得到了业界的广泛认可。他坚持自主创新，不断推动比亚迪在新能源汽车领域的技术突破和市场拓展。他坚信新能源汽车是未来的发展方向，也是中国汽车产业实现弯道超车的重要机遇。在他的带领下，比亚迪不仅在国内市场取得了巨大成功，还积极拓展国际市场，成为了中国新能源汽车走向世界的重要力量。

回顾王传福与新能源汽车发展的历程，我们不难发现他的成功并非偶然。他凭借前瞻的视野和坚定的信念，带领比亚迪在新能源汽车领域实现了弯道超车。他的成功也为中国新能源汽车产业的发展树立了榜样，激励了更多的企业家投身到这个充满机遇和挑战的领域中来。

未来，随着新能源汽车市场的不断扩大和技术的不断进步，我们相信王传福和比亚迪将继续引领新能源汽车产业的发展潮流，为人类的可持续发展贡献更多的力量。

习题及思考题

一、选择题

1. 目前，汽车空调采用的环保型制冷剂为(　　)。

A. R12　　　　　　B. R22　　　　　　C. R134a　　　　　　D. 以上都是

2. 下列关于制冷剂的使用，说法不正确的是(　　)。

A. 制冷剂在一个标准大气压下会急剧蒸发制冷，与身体接触会冻伤皮肤，添加时要避免其与身体接触，尤其是避免制冷剂喷到眼睛里

B. 尽管 R12 制冷剂无毒或低毒，但与火焰接触时会产生毒气

C. 制冷剂的加注、回收、排放等操作应在通风条件良好的场所进行

D. R134a 制冷剂与 R12 制冷剂可混用

3. 可通过运行汽车空调制冷系统，观察储液干燥器上的视液镜来判断制冷剂量是否合适，以下(　　)图所示说明制冷剂量是合适的。

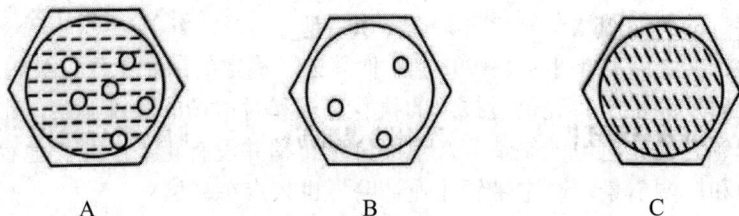

A　　　　　　　　　　B　　　　　　　　　　C

4. (　　)用来吸收汽车空调系统制冷剂中的水分。

A. 储液干燥器　　　　　　　　　　B. 冷凝器

C. 膨胀阀　　　　　　　　　　　　D. 蒸发器

5. 维修技师甲说：电子检漏仪使用前需要进行检漏仪的校准。技师乙说：电子检漏仪测试时可向空调系统施加振动或压力。谁说的正确？

A. 仅技师甲正确　　　　　　　　　B. 仅技师乙正确

C. 甲和乙都正确　　　　　　　　　D. 甲和乙都不正确

6. 空调系统常规项目检查不包括下列哪个项目？

A. 冷凝器表面的检查　　　　　　　B. 传动皮带的检查

C. 管路接头的检查　　　　　　　　D. 出风口温度的检查

7. 下列制冷剂泄漏的检测方法，哪种方法无法准确地找到泄漏点？

A. 电子检漏仪检查法　　　　　　　B. 荧光检漏法

C. 压力检漏法　　　　　　　　　　D. 真空检漏法

二、判断题

1. 制冷剂加注、回收、排放等操作应在通风条件良好的场所进行。　　　　　　(　　)

2. 采用 R134a 制冷剂和 R12 制冷剂的两种制冷系统中的密封件、橡胶软管、检测仪表和加注工具等均可混用。　　　　　　　　　　　　　　　　　　　　　　(　　)

3. 通过运行空调系统观察视液镜情况判断制冷剂量时，当看到视液镜几乎透明，有少量气泡生成，但随着电动机转速升高而逐渐消失时，属于制冷剂量正常情况。　(　　)

三、简答题

1. 如何使用电子检漏仪对汽车空调制冷系统进行检漏？

2. 简述使用压力表组排放汽车空调制冷剂的操作步骤。

3. 简述使用制冷剂回收加注机回收汽车空调制冷剂的操作步骤。

项目 3　检修新能源汽车空调系统

项目描述

新能源汽车空调在长时间使用过程中会遇到一些常见的制冷故障，例如制冷效果不佳、制冷效果完全失效以及制冷效果过强等问题。针对这些问题，通过正确的维修方法，就可以解决这些常见的汽车空调制冷故障，保证汽车空调的正常运行和乘车舒适度。

本项目包含以下 3 个工作任务：

任务 3.1：检修新能源汽车制冷系统主要部件；

任务 3.2：检修新能源汽车空调制冷控制系统；

任务 3.3：检修新能源汽车暖风系统。

通过完成以上 3 个工作任务，学生能够掌握检修新能源汽车的方法，能够检查压缩机工作状态，拆装冷凝器，更换蒸发器以及修复或更换空调控制系统等。

任务 3.1　检修新能源汽车制冷系统主要部件

任务目标

知识目标	技能目标	素养目标
了解电动汽车空调的结构组成	熟悉电动压缩机、冷凝器、蒸发器、膨胀阀零部件的结构及工作原理	培养学生全方位思考、辩证思维，综合分析问题、解决问题的能力，树立精益求精的工匠精神和良好的职业素养
了解电动汽车空调系统各部件的安装位置	掌握电动压缩机、冷凝器等部件的拆卸与装配作业方法	

3.1.1 新能源汽车空调电动压缩机检修

1. 电动压缩机设备介绍

压缩机的作用是压缩和输送制冷剂，把来自蒸发器的低温低压制冷剂蒸气吸入气缸，压缩形成高温高压蒸气并排入冷凝器，它是整个空调制冷系统的"心脏"。

1) 压缩机的类型

汽车空调压缩机的种类较多，其类型如图 3-1 所示。

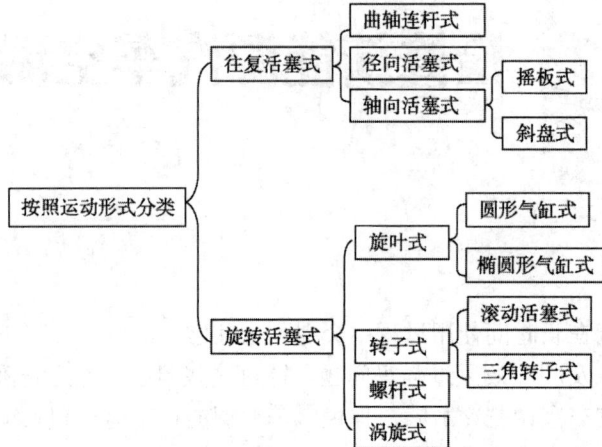

图 3-1　汽车空调压缩机的类型

压缩机根据运动形式通常可分为往复活塞式和旋转活塞式两大类，其中往复活塞式又可以根据活塞的种类分为曲轴连杆式、径向活塞式和轴向活塞式三种；旋转活塞式又可以分为旋叶式、转子式、螺杆式和涡旋式四种；也可以根据压缩机的工作容量是否变化将其分为定容量式和变容量式两大类。目前，在汽车上应用比较广泛的有摇板式、斜盘式、旋叶式和涡旋式等，其中摇板式和斜盘式可以比较方便地做成变容量压缩机。

2) 常见压缩机的结构和工作原理

(1) 摇板式压缩机的结构和工作原理。摇板式压缩机的工作原理如图 3-2 所示，气缸以压缩机的轴线为中心均匀分布，主轴旋转时，带动楔块一起旋转，楔块推动摇板以钢球为中心摆动，摇板带动活塞在气缸内做往复运动。主轴每转动一周，气缸完成压缩、排气、膨胀、吸气一个工作循环。一般一个摇板配有五个活塞，主轴转动一周就有五次排气过程。摇板式压缩机的结构如图 3-3 所示。

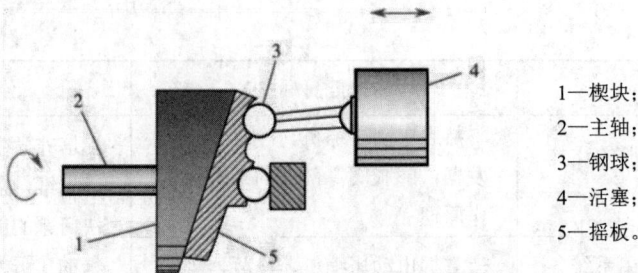

1—楔块；
2—主轴；
3—钢球；
4—活塞；
5—摇板。

图 3-2　摇板式压缩机的工作原理

图 3-3 摇板式压缩机的结构

(2) 斜盘式压缩机的结构和工作原理。斜盘式压缩机的结构如图 3-4 所示，其工作原理如图 3-5 所示。斜盘式压缩机前后布置的两组气缸均以压缩机主轴为中心均匀布置，斜盘以一定角度与主轴固定在一起，斜盘的边缘装在活塞中部的槽中，活塞槽与斜盘边缘通过钢球轴承连接在一起，活塞为双向活塞，两端分别伸入前后两个气缸中。当主轴带动斜盘转动时，斜盘驱动活塞做轴向移动，由于活塞在前后布置的气缸中同时做轴向运动，这相当于两个活塞在做双向运动。斜盘每转动一周，前后两个活塞各自完成吸气、压缩、排气、膨胀过程，相当于两个工作循环。如果缸体截面均匀布置五个气缸和五个双向活塞时，主轴旋转一周，共有十次排气过程。

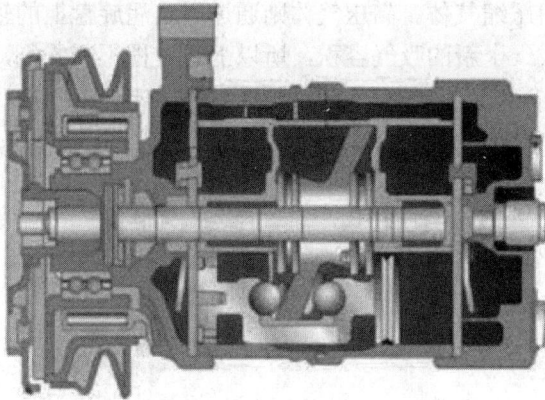

图 3-4 斜盘式压缩机的结构

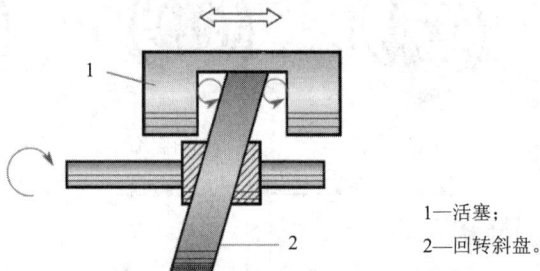

1—活塞；
2—回转斜盘。

图 3-5 斜盘式压缩机的工作原理

（3）涡旋式压缩机的结构和工作原理。电动涡旋式压缩机是电动空调系统应用最为普遍的压缩机，其结构如图 3-6 所示。电动涡旋式压缩机主要由高低压插接件、驱动控制器、直流无刷电动机和涡旋式压缩机等部件组成。涡旋式压缩机由旋转涡管和固定涡管组成，两涡管结构相似，都是由端板和由端板上伸出的渐开线形涡旋齿组成。两者偏心配置且相互错开，相互啮合形成一组月牙形空间，固定涡管静止不动，而旋转涡管在专门旋转机构的约束下，由曲柄轴带动做偏心回转平动，只有公转无自转。

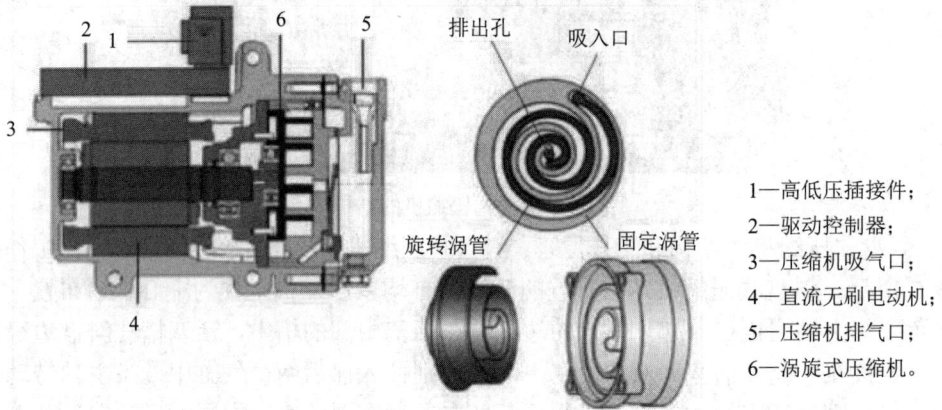

1—高低压插接件；
2—驱动控制器；
3—压缩机吸气口；
4—直流无刷电动机；
5—压缩机排气口；
6—涡旋式压缩机。

图 3-6　电动涡旋式压缩机的结构

如图 3-7 所示为涡旋式压缩机的具体工作过程。吸气口设在固定涡旋轮外侧，由于曲柄的转动，气体由边缘吸入，并被封闭在月牙形容积内，随着接触线沿涡旋面向中心推进，月牙形容积逐渐缩小而压缩气体。高压气体则通过固定涡旋盘上的轴向中心孔排出，在曲轴的每一转中，都形成一个新的吸气容积，所以上述过程不断重复，整个过程是连续的，周而复始按顺序完成。

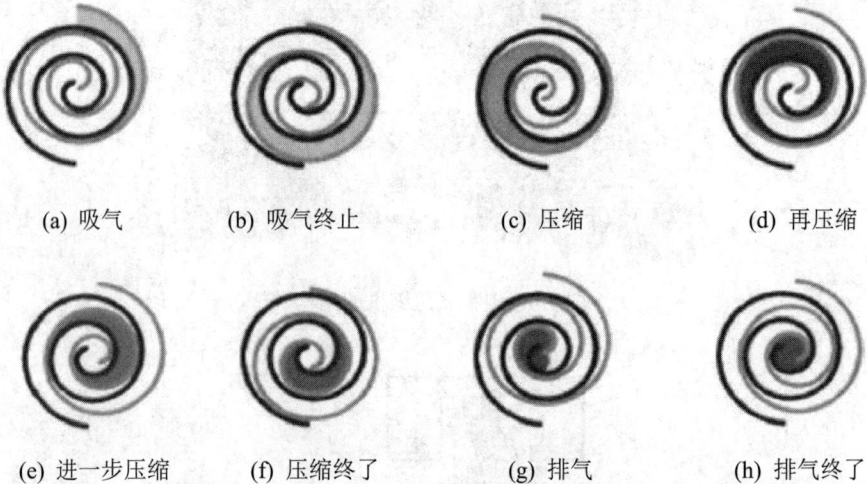

(a) 吸气　　　　(b) 吸气终止　　　　(c) 压缩　　　　(d) 再压缩

(e) 进一步压缩　　　(f) 压缩终了　　　(g) 排气　　　(h) 排气终了

图 3-7　涡旋式压缩机的工作过程

2. 电动压缩机的常见故障

电动压缩机由于其转速范围波动大、负载不恒定、运行环境相对比较恶劣，因此故障率较高。了解压缩机常见故障类型，对于正确分析故障原因、做出正确的判断是非常有帮助的。电动压缩机常见的故障包括：轴承磨损或损坏、簧片阀损坏、机械故障造成的噪音和振动以及密封件失效造成的泄漏等。

1) 轴承故障

压缩机的轴承多采用滚珠或滚柱轴承，压缩机轴承主要依靠冷冻油来实现润滑，所以造成主支撑轴承损坏的主要原因大部分是因为制冷剂、冷冻油不足或冷冻油污染造成的润滑不良。

2) 簧片阀故障

压缩机通过簧片阀来控制气态制冷剂的流动方向。簧片阀的主要结构就是薄钢板，薄钢板在压力的作用下会发生弯曲从而打开制冷剂通道，簧片阀会安装限位器，以防止其过度打开而损坏，如图 3-8 所示。

图 3-8　压缩机簧片阀

簧片阀故障通常是由于液态制冷剂或金属碎屑造成的，簧片阀损坏后可通过压力表组来诊断，在电动机运转时，如果压力表指针一直在快速震颤，这将是簧片阀损坏的一个重要迹象。

3) 内部噪音故障

压缩机在运行时发出研磨、撞击等噪音，应考虑压缩机内部机械故障所致。如果压缩机内部出现严重的机械故障，可在电动机关闭后通过用手动旋转压缩机轴的方法进行检查，如果能听到研磨声或感觉到有很大的阻力，说明压缩机可能损坏或轴承磨损。如果压缩机旋转过于轻松，则可能活塞等部件磨损过度。

4) 密封失效故障

不同类型的压缩机采用的密封件会有所不同，通常由 O 型密封圈、轴套或轴衬以及密封钢环或卡簧等部件组成，密封件失效的原因大部分是因为老化、污染或腐蚀。

密封件损坏会造成制冷剂和冷冻油泄漏，如果观察到压缩机存在油渍，说明可能存有泄漏，泄漏的冷冻机油会蔓延到压缩机壳体。

5) 内部污染故障

如果压缩机经常出现故障，很可能是由系统中残留的金属碎屑造成的。另外，制冷循环系统中其他组件的损坏或系统内存在水分也可能会污染压缩机。当出现污染后，不同厂家对于处理金属碎屑和污染物的建议有所不同。有些厂家建议更换组件，有些厂家建议对系统进行冲洗，还有些厂家建议在压缩机入口处安装滤网。

在压缩机入口处安装滤网，是最便捷且费用最少的方法。压缩机入口滤网可以很好的预防各种金属碎屑或污染物到达压缩机，防止新更换的压缩机再次损坏。安装过程需要使用专业工具，具体的操作步骤和方法参考相应的维修资料。

当车辆安装压缩机入口滤网后，应在低压管路或压缩机的相应位置上贴上标签，以提示其他维修技师，该车辆已经安装了压缩机入口滤网。

3. 电动压缩机拆装

1) 新能源汽车空调压缩机的连接

五菱 G100 电动汽车空调压缩机高低压线束连接及制冷剂进出口的位置如图 3-9 所示。高低压插接件安装位置，如图 3-10 所示。

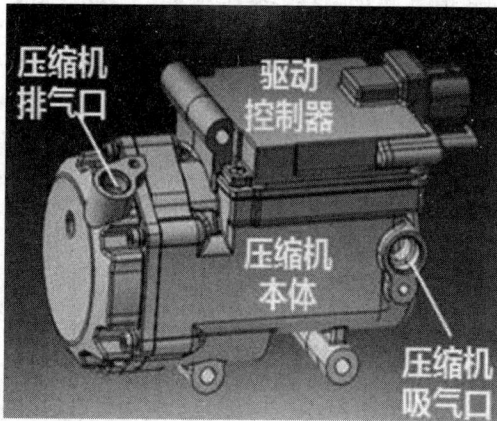

图 3-9　电动空调压缩机的连接　　　　图 3-10　电动空调压缩机高低压插接件的位置

2) 电动空调压缩机的拆装

拆装电动空调压缩机前，要保证作业场所通风良好并配置灭火设备。五菱 G100 电动汽车空调压缩机的拆装步骤为：

(1) 按规范步骤进行整车断电操作。

(2) 用制冷剂回收加注机进行制冷剂和冷冻机油的回收作业。

(3) 拔下低压插接件插头。

(4) 拔下高压插接件插头。

(5) 松开压缩机进气管螺母并迅速将进气管口密封，防止空气进入进气管。

(6) 松开压缩机排气管螺母并迅速将排气管口密封，防止空气进入排气管。

(7) 松开三个压缩机固定螺栓。

(8) 取下压缩机。

(9) 更换新压缩机后，按规定力矩拧紧压缩机固定螺栓。

(10) 迅速取下新压缩机上进气口密封罩和进气管口密封罩。

(11) 安装进气管螺母并按规定力矩拧紧。

(12) 迅速取下新压缩机上排气口密封罩和排气管口密封罩。

(13) 安装排气管螺母并按规定力矩拧紧。

(14) 插上高压插接件插头。

(15) 插上低压插接件插头。

五菱 G100 电动汽车空调压缩机拆装完毕。

3.1.2　新能源汽车空调冷凝器与蒸发器检修

1. 冷凝器设备介绍

冷凝器的作用是把压缩机排出的高温高压气态制冷剂通过冷凝器，将热量散发到车外空气中，变成高温高压的液态制冷剂。冷凝器的安装位置如图 3-11 所示，大多布置在车头前部、侧面或车底，安装在散热器前面，或与散热器安装在同一垂直平面上。冷凝器有管片式、管带式及平行流式三种结构形式。

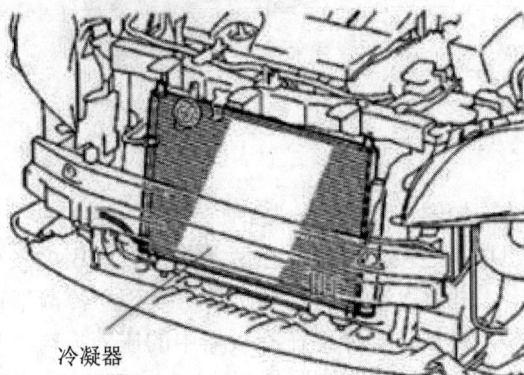

图 3-11　冷凝器的安装位置

1) 管片式冷凝器

管片式冷凝器的结构如图 3-12 所示，由管和散热片组成。它是用胀管法将铝翅片胀紧在紫铜管上，管的端部用 U 形弯头焊接起来。管片式冷凝器的散热效率较低，制造工艺简单，一般用在大中型客车的制冷装置上。

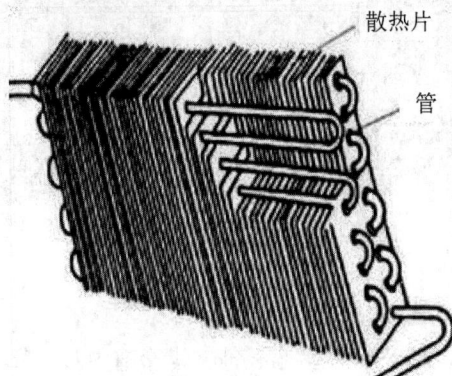

图 3-12　管片式冷凝器的结构

2) 管带式冷凝器

管带式冷凝器的结构如图 3-13 所示，它由管和散热带组成，是将扁平管弯成蛇形管，在其中安置散热带，然后在真空加热炉中将管带间焊好。这种冷凝器的传热效率比管片式冷凝器高 15%～20%，一般用在小型汽车的制冷装置上。

图 3-13 管带式冷凝器的结构

3) 平行流式冷凝器

平行流式冷凝器的结构如图 3-14 所示，也是一种管带式结构。它由圆筒集流管、铝质内肋扁平管、波形散热翅片及连接管组成。在两条集流管间用多条扁管相连，并用隔片隔成若干组，进口处管道多，并逐渐减少每组管道数，实现了冷凝器内制冷剂温度及流量分配均匀，提高了换热效率，降低了制冷剂在冷凝器中的压力损耗。与管带式冷凝器相比，其放热性能提高了 30%～40%，通路阻力降低了 25%～33%，内容积减少了 20%，大幅度地提高了其放热性能，是目前较先进的一种汽车空调冷凝器。

图 3-14 平行流式冷凝器的结构

2. 蒸发器设备介绍

蒸发器的作用是让低温低压的液态制冷剂在其管道中吸热蒸发，使蒸发器和周围空气的温度降低。蒸发器通常安装在仪表板后的风箱内，有管片式、管带式和层叠式三种结构。

1) 管片式蒸发器

管片式蒸发器的结构如图 3-15 所示，它由铜质或铝质圆管套上铝翅片组成，经胀管工艺使铝翅片与圆管紧密接触。管片式蒸发器的结构简单、加工方便，但其换热效率较差。

图 3-15　管片式蒸发器的结构

2) 管带式蒸发器

管带式蒸发器的结构如图 3-16 所示，它由多孔扁管与蛇形散热铝带焊接而成。管带式蒸发器的制造工艺比管片式蒸发器更为复杂，换热效率比管片式蒸发器提高了 10%左右。

图 3-16　管带式蒸发器的结构

3) 层叠式蒸发器

层叠式蒸发器的结构如图 3-17 所示，它由两片冲成复杂形状的铝板叠在一起组成制冷剂通道，每两片通道之间夹有蛇形散热铝带。层叠式蒸发器的加工难度最大，但其换热效率也最高，结构也最为紧凑，应用比较广泛。

图 3-17　层叠式蒸发器的结构

3. 冷凝器及蒸发器的常见故障

安装在车辆前方水箱框架上的冷凝器，很容易受到碰撞并造成泄漏或损坏。另外，压缩机损坏产生的金属碎屑进入冷凝器，也会造成冷凝器的污染或堵塞。如果冷凝器存在堵塞或限流，通常会在堵塞的位置出现结霜现象。有些冷凝器可以通过冲洗清除，还有些冷凝器不能完全清洗干净，必须进行更换。蒸发器最常出现的故障现象为物理损坏或泄漏，也有些车辆因为空调滤芯更换不及时造成蒸发器外表面脏污，最终导致其散热不良。

4. 冷凝器的拆装

拆装空调冷凝器前，要保证作业场所通风良好并配置灭火设备。五菱 G100 电动汽车冷凝器的拆装步骤为：

(1) 用制冷剂回收加注机进行制冷剂和冷冻机油的回收作业。

(2) 松开冷凝器进气管螺母并迅速将进气管口密封，防止空气进入进气管。

(3) 松开冷凝器排气管螺母并迅速将排气管口密封，防止空气进入排气管。

(4) 松开冷凝器固定螺栓。

(5) 取下冷凝器。

(6) 更换新冷凝器后，按规定力矩拧紧冷凝器固定螺栓。

(7) 迅速取下冷凝器上进气口密封罩和进气管口密封罩。

(8) 安装进气管螺母并按规定力矩拧紧。

(9) 迅速取下新冷凝器上排气口密封罩和排气管口密封罩。

(10) 安装排气管螺母并按规定力矩拧紧。

五菱 G100 电动汽车冷凝器拆装完毕。蒸发器的拆装与冷凝器的拆装大体相同。

3.1.3　新能源汽车空调其他部件检修

1. 储液干燥器

1) 储液干燥器的作用

储液干燥器大多串联在冷凝器与膨胀阀之间的高压管路上，起储存、干燥和过滤制冷剂中杂质的作用。

(1) 储存。储液干燥器能储存液化后的高压液态制冷剂，根据制冷负荷的需求，随时供给蒸发器，同时还可补充制冷系统微量渗漏的制冷剂损失。

(2) 干燥。储液干燥器能防止水分在制冷系统中造成冰堵。水分主要来自新添加的润滑油和制冷剂中的微量水分。当这些水分通过节流装置时，水分容易凝结成冰而堵塞系统。

(3) 过滤。储液干燥器可以过滤制冷系统中的杂质。制冷系统在制造与维修时会带入一定的杂质；制冷剂和水混合后也会腐蚀金属而产生一些杂质。这些杂质容易使系统堵塞，同时加剧压缩机的磨损。

2) 储液干燥器的结构和工作原理

储液干燥器的结构如图 3-18 所示。从冷凝器来的液态制冷剂，经过滤网和干燥剂除去杂质和水分后进入膨胀阀。在储液干燥器上方的观察窗可以观察制冷剂的流动情形，从而判断系统中制冷剂量是否正常。为了保证系统安全工作，目前使用的储液干燥器上都安装了高低压保护开关。

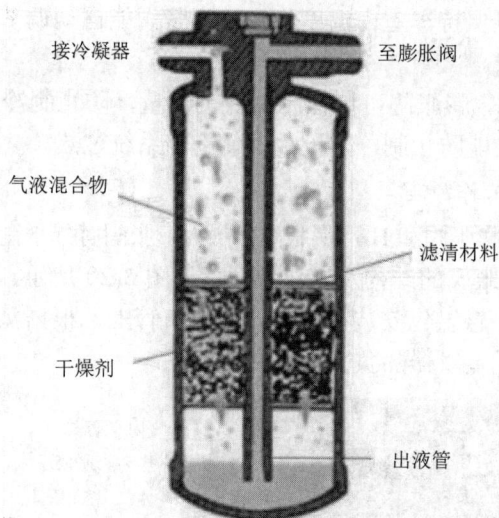

接冷凝器　　　　　　　　　　至膨胀阀

气液混合物

滤清材料

干燥剂

出液管

图 3-18　储液干燥器的结构

3) 储液干燥器检修

一般出现以下情况需要更换储液干燥器：由于水分或金属碎屑而污染；由于循环系统被拆卸或制冷剂泄漏，而使循环系统暴露在空气中很长一段时间；外壳或管路接头泄漏等。更换时，需将安装到储液干燥器上的所有开关或传感器拆卸并转移到新的替换部件上，如图 3-19 所示。

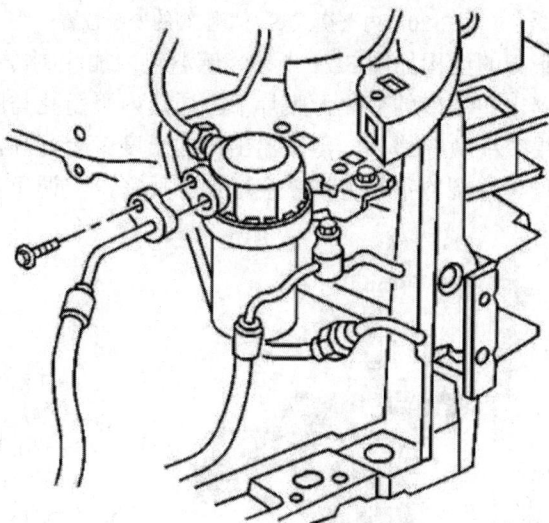

图 3-19　储液干燥器的拆装

2. 膨胀阀

1) 膨胀阀的作用

(1) 节流降压。膨胀阀使从冷凝器来的高温高压液态制冷剂节流降压成为容易蒸发的低温低压雾状制冷剂进入蒸发器，是制冷剂高压侧和低压侧的分界点。

（2）自动调节。制冷剂流量由于制冷负荷的改变以及压缩机转速的改变，要求制冷剂流量做出相应的改变，以保持车室内温度稳定。膨胀阀能自动调节进入蒸发器的制冷剂流量，以满足制冷循环要求。

（3）防止液击和过热。膨胀阀可以控制制冷剂流量，防止制冷剂过多进入压缩机而造成"液击"现象，同时又能防止制冷剂过少而使制冷系统过热。

2）膨胀阀的结构及工作原理

常用的膨胀阀有热力膨胀阀和 H 形膨胀阀，热力膨胀阀有外平衡式和内平衡式两种形式。

（1）内平衡式热力膨胀阀的结构及工作原理。如图 3-20 所示，内平衡式热力膨胀阀安装在蒸发器的进口管上，感温包安装在蒸发器的出口管上，根据蒸发器出口温度调整进口管的制冷剂流量，以满足蒸发器热负荷变化的需要。

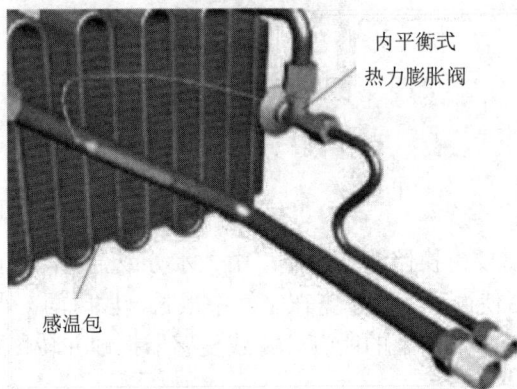

图 3-20　内平衡式热力膨胀阀的安装位置

内平衡式热力膨胀阀的结构如图 3-21 所示，感温包内加注制冷剂，与膜片上方通过毛细管相连，感受蒸发器出口温度的变化，膜片下方通过内平衡孔与膨胀阀进口相通，感受进口制冷剂压力。如果空调负荷增加，蒸发器出口的温度就会升高，感温包内的气体压力上升，使阀门的开度加大，制冷剂的流量就会增加。反之，空调负荷减小时，制冷剂的流量随之减小。

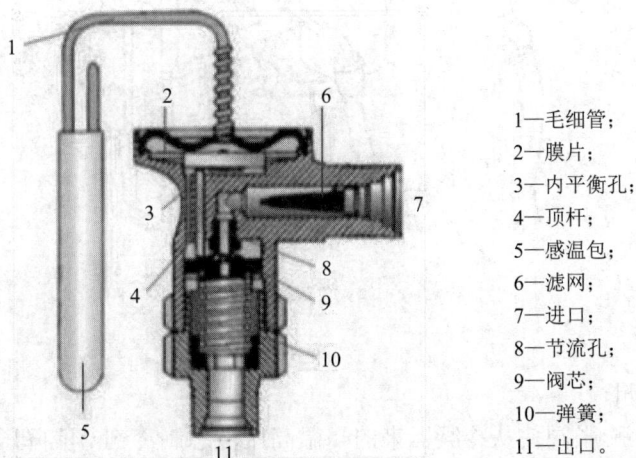

1—毛细管；
2—膜片；
3—内平衡孔；
4—顶杆；
5—感温包；
6—滤网；
7—进口；
8—节流孔；
9—阀芯；
10—弹簧；
11—出口。

图 3-21　内平衡式热力膨胀阀的结构

(2) 外平衡式热力膨胀阀的结构及工作原理。外平衡式热力膨胀阀的结构如图 3-22 所示,其安装位置和工作原理与内平衡式热力膨胀阀基本相同,区别是膜片下面通过外平衡管与蒸发器出口相通,感受出口制冷剂压力。

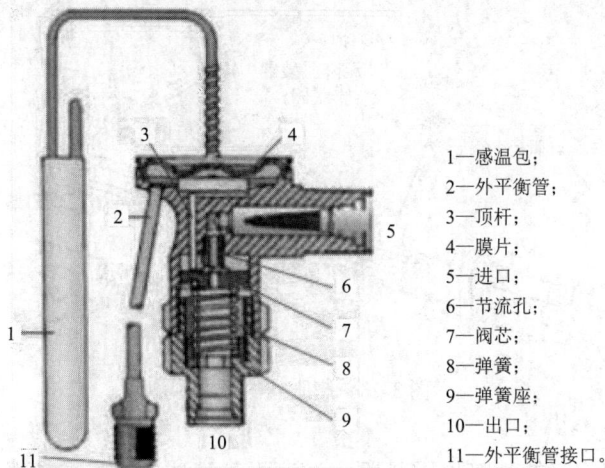

1—感温包;
2—外平衡管;
3—顶杆;
4—膜片;
5—进口;
6—节流孔;
7—阀芯;
8—弹簧;
9—弹簧座;
10—出口;
11—外平衡管接口。

图 3-22 外平衡式热力膨胀阀的结构

(3) H 形膨胀阀的结构及工作原理。H 形膨胀阀是一种整体式膨胀阀,它取消了外平衡式膨胀阀的外平衡管和感温包,直接与蒸发器进出口相连。其内部通路形同字母"H",有四个接口,其中两个接口与普通膨胀阀一样,一个接储液干燥器出口,另一个接蒸发器进口;另外两个接口,一个接蒸发器出口,另一个接压缩机进口。膜片下面的感温元件处于从蒸发器出口到压缩机入口的制冷剂气流中,感受蒸发器温度,从而调整进入蒸发器的制冷剂量。H 形膨胀阀的特点是感应温度不受环境影响,不存在因毛细管而造成的时间滞后,提高了调节灵敏度。

3) 膨胀阀的检修

通过膨胀阀进入蒸发器的制冷剂过少,会降低蒸发器内的压力。反之,会引起膨胀阀出口压力升高。所以说膨胀阀的好坏将是制冷循环系统正常工作的前提。

(1) 膨胀阀的常见故障。

膨胀阀的故障多数是因为计量阀卡滞在关闭或打开位置。当计量阀卡滞在关闭位置时,流入蒸发器的制冷剂不足,会造成低压侧压力表读数偏低、膨胀阀处结露、蒸发器出口温度过高等症状。当计量阀卡滞在打开位置时,流入蒸发器的制冷剂过多,会造成压缩机吸入管路结露或温度过低。

注意:制冷剂不足、膨胀阀入口滤网堵塞等故障,也可能会产生以上症状。

(2) 膨胀阀的更换。

膨胀阀更换之前首先要将制冷循环系统内的制冷剂全部回收后才能进行拆卸。如图 3-23。拆卸的具体步骤参考相应的维修手册。

3. 管路的检修

空调制冷系统运行处于高温高压的环境,并且要承受车辆及电动机频繁的振动和冲击。因此,必须对制冷系统管路的强度和抗振能力做特殊处理,确保所有的部件连接可靠。如果管路和部件连接松动，污染物和水分就能轻易地进入系统，系统内的制冷剂也会发生泄漏。

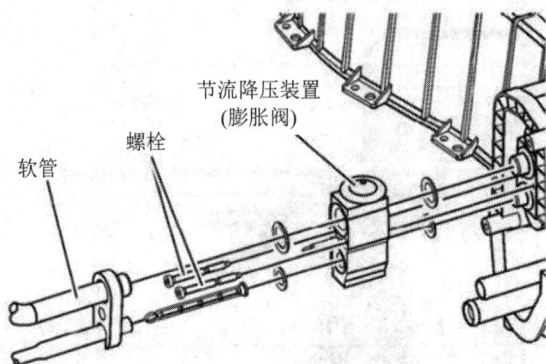

图 3-23　膨胀阀的更换

管路的常见故障：

如果怀疑制冷剂管路的故障原因是因为过度振动造成的，应检查各附件，确保部件完好且安装到位；检查车辆的电动机支撑是否正常；确保压缩机安装螺栓和支架安装牢固；检查压缩机的管路和软管安装位置是否正确。

如果制冷循环系统压力超过了软管可以承受的最大设计压力，将会造成软管内部损伤。需检查整根软管上有无裂纹或鼓包迹象，确定造成压力过大的真正原因。

如果怀疑车辆存在因碰撞损坏而进行的管路修复历史，请进行彻底的检查以确保所有的空调系统部件正确安装并处于良好状态；目视检查所有部件，确认其是否在事故维修期间全部安装到位，如果制冷循环系统在事故维修过程中被拆卸过，那么整个系统可能会受到污染，出现这种情况需要回收制冷剂，然后清洗制冷循环系统。

为避免因系统部件安装不当而导致制冷剂管路过早失效或损坏，应观察所有制冷剂软管和管路是否存在弯曲、扭结等情况；确保正确安装软管和管路，以防止其因振动而造成磨损；检查所有软管、管路及部件的安装支架、卡箍或束带是否牢固。

通常很多泄漏仅仅是因为接头松动造成的，修复时也比较简单，只需重新拧紧即可。拧紧后使用压缩空气清除接头周围的制冷剂残留，然后用检漏仪检查接头泄漏情况是否已彻底修复，如图 3-24 所示。

图 3-24　管路泄漏油渍

3.1.4　任务实施

实训题目	蒸发器的更换				
工具					
班级		时间		地点	
内　　容					

Step1. 导学

车主反映新能源汽车夏天开空调制冷效果不好，一个月前在修理厂加过两次空调冷煤，也有叫修理工检查过，但是没有查出具体是否有泄漏。车主阐述了之前维修检查过哪些项目，初步判断是藏在仪表台里面的蒸发器泄露漏。经试验，最终确定空调蒸发器存在泄漏，经和车主沟通后，决定更换汽车空调蒸发器。

Step2. 信息

1. 作业前准备。

(1) 首先保证规范的着装；

(2) 在车辆周围应当拉设　　安全围挡　　；

(3) 为了防止车辆着火，发生火灾，应当在作业前检查　灭火器　；

(4) 在车辆前方需要放置　　安全警示牌　　；

(5) 为了保证我们的安全，在工作前我们要准备好 安全帽、绝缘手套、护目镜/面罩、绝缘鞋 四件套。

2. 检查所需要用到的检修工具。

(1) 作业所需要用到的工具有：毛巾、梅花扳手、螺丝刀、万用表　；

(2) 在作业前需要检查维修手册、电路图是否完备；

(3) 在作业前要测量绝缘地垫的绝缘电阻，测量的标准值应当是大于 20 MΩ。

3. 基本知识。

(1) 整套空调系统由压缩机、两台并联的蒸发器、一台冷凝器、连接管路及相关的附件组成；

(2) 空调系统使用 HFC-134a(R134a)型制冷剂；

(3) 本空调系统制冷剂、压缩机油以及零部件与 CFC-12(R12)空调系统之间是(可以/不可以)互换的 。

注意：在补充或更换制冷剂及压缩机油和在更换零部件时，务必令使用的材料或部件适用于装在正在被维修的汽车内的空调，只要有一件被错用，就会导致制冷剂渗漏，部件损坏或其他故障状态。

4. 蒸发器的更换任务实施如下表。

程　　序	现象记录
(1) 正确回收制冷剂	显示现象_____
(2) 测量回收过程中分离出来的冷冻油量。检查冷冻油中有无金属碎屑或其他污染的迹象	显示现象_____
(3) 拆卸仪表台。断开制冷剂管路、冷却液软管、电气线束、线缆以及附加到蒸发器外壳上的真空软管等。用密封帽(塞)封闭系统管路，防止污染	显示现象_____
(4) 拆下蒸发器。排空蒸发器内所有的残余冷冻油，并测量、记录冷冻油量	显示现象_____
(5) 向新蒸发器添加与排除量相等且型号符合规格要求的新冷冻油	显示现象_____
(6) 按照与拆卸相反顺序恢复车辆	显示现象_____
(7) 抽真空后按照程序添加符合规格要求的适量新冷冻油	显示现象_____
(8) 正确加注制冷剂，并进行制冷循环系统泄漏测试和性能测试	显示现象_____

Step3. 规划

1. 接受并解析用户委托书讨论如何与用户沟通，列出所有"问诊"话术，尽可能地得到"解决用户反映的问题"的线索。

2. 通过与用户沟通，收集车辆信息，询问故障现象的前后经过，确定工作内容。

_____

_____

_____

3. 小组讨论如何与用户沟通，告诉用户初步的解决方案、工作计划、条件许可时可预估维修预算和维修工时，形成海报并进行展示。

_____

_____

_____

Step4. 决策

　　根据与用户的交流信息及实车初步的功能检查所收集到的信息，在之前信息分析的海报上完善所列出的车辆蒸发器更换操作流程。

_____

_____

_____

_____

Step5. 执行

　　根据 Step4 罗列操作前的安全注意事项，决策所确定的流程完成下列各项(如不涉及可不填)。

　　1. 安全注意事项：_____

_____

　　2. 工作方案：

_____

_____

_____

_____

　　3. 场地、设备及车辆：

_____

_____

_____

_____

　　4. 在组长的组织下完成执行过程记录，形成展示的海报。

_____

_____

_____

_____

Step6. 检查

　　1. 检查车辆仪表的故障灯是否还亮；

　　2. 检查故障码是否已经完全清除；

3. 检查车辆其他功能是否正常；

4. 检查工具是否全部归位；

5. 检查设备是否全部归位；

6. 检查工作场地是否清洁；

7. 完成以上工作后，向"用户"解释故障原因的话术填写在下面。

_____

_____

_____

_____

_____

Step7. 评判

自我反思，发现自己的不足，对实操过程进行总结和评价。或者针对实操过程中其他组的同学表现进行评价，评价指标不限于以下内容：

评价内容	评价指标(各项满分 10 分)	评价结果
工具设备	工具使用规范：有落地扣 1 分，工具选用错误扣 1 分，工具摆放凌乱扣 1 分，工具未清洁扣 1 分	
流程掌握	流程漏项扣 1 分，流程错误扣 3 分，没有流程为 0 分	
交流互助	由于交流不到位导致工作不畅扣 1 分，实习过程中没有交流扣 1 分	
完成速度	第一得 10 分，第二得 8 分，第三得 7 分	
安全意识	在操作中出现安全隐患得分为 0，车辆保护未到位扣 2 分	

Step8. 系统化

通过老师对学习成果的总结，对预备知识和后续学习情景之间的联系进行记录，并记录下节课的学习任务。

任务 3.2　检修电动汽车空调制冷控制系统

任务目标

知识目标	技能目标	素养目标
了解电动汽车空调制冷控制系统的组成及原理	掌握电动压缩机不工作的故障点查找与维修	培养学生全方位思考、辩证思维，综合分析问题、解决问题的能力，树立精益求精的工匠精神和良好的职业素养
熟悉电动压缩机及控制线路的检测	掌握电动汽车空调制冷控制系统故障检测与排除的方法	

3.2.1　电动汽车空调制冷控制系统的组成

电动汽车空调制冷控制系统的基本工作过程为：信号输入单元→电子控制单元(ECU)→执行器。通过信号输入单元检测汽车工作中的一些信息，如车内、车外、导风管及环境日照辐射的温度和压缩机工况等，并将其检测到的信息以相应的物理量如电阻、电压、电流等传送到 ECU 中，经分析、比较、运算等处理，再由执行器完成相应工作，其组成如图3-25 所示。

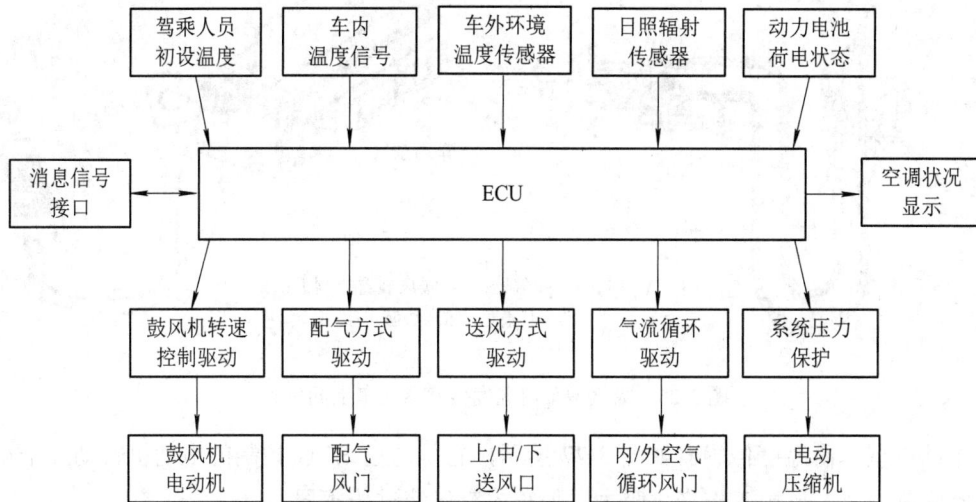

图 3-25　电动汽车空调制冷控制系统的组成

1. 信号输入单元

信号输入单元包括车内温度传感器、车外温度传感器、太阳能传感器、蒸发器温度传感器、空调压缩机转速传感器、加热器温度传感器、烟雾通风传感器、空调压力传感器开关、PTC 加热器温度传感器、压缩机转速传感器、各风门电动机的位置传感器或开关以及空调控制键等。其作用是将温度、空调系统压力等物理量转变为电信号(如热敏电阻的阻值变化)并输入到 ECU 中。具体的输入信号有四类：车内、车外及太阳辐射温度信号；驾乘人员设定的温度及模式选择信号；蒸发器温度及风门位置信号；压缩机工况信号(转速、高压、低压及工作温度等)。

1) 车内温度传感器

车内温度传感器也称室内温度传感器，是自动空调的重要传感器之一，它的作用是检测车内温度是否达到设定值，以控制空调系统的工作。它会影响出风口空气的温度、鼓风机的转速、进气门的位置以及模式门的位置等。它通常安装在仪表板后面的吸气装置内。自动空调系统所采用的车内温度传感器都采用负温度系数的热敏电阻，也就是热敏电阻随着温度的升高，电阻会减小，随着温度的降低，电阻会增大。

由于车内温度传感器安装位置比较封闭，为了准确及时地测量车内平均温度，必须采用强制通风装置，将车内空气强制导向车内温度传感器。按照强制导向气流方式不同，车内温度传感器可分为吸气型车内温度传感器和电动机型车内温度传感器。

吸气型车内温度传感器在车上的位置如图 3-26 所示。通过一根抽风管连接车内温度传感器与空调，当鼓风机开始工作时，空气快速流过所产生的负压将少量空气吸入，并流过车内温度传感器。

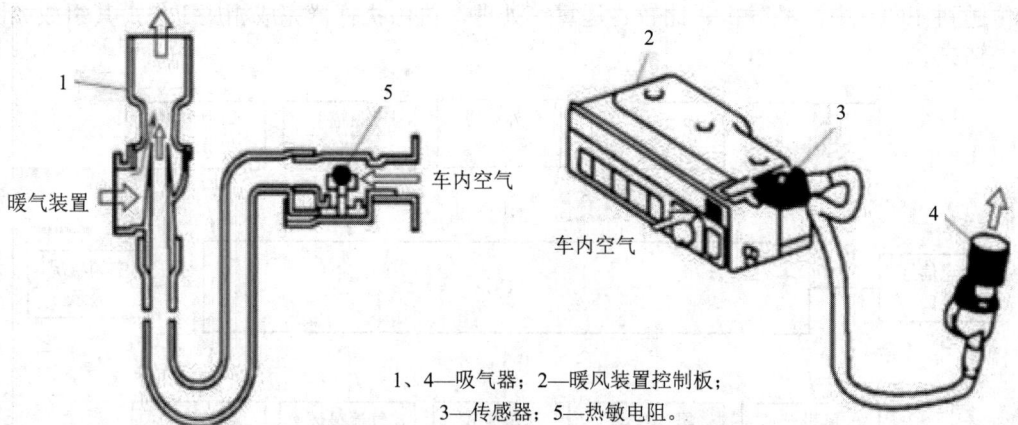

1、4—吸气器；2—暖风装置控制板；
3—传感器；5—热敏电阻。

图 3-26　吸气型车内温度传感器在车上的位置

电动机型车内温度传感器如图 3-27 所示，它是通过 ECU 控制的电动机带动一个小风扇进行强制通风，风扇工作产生吸力，使车内空气流过传感器。

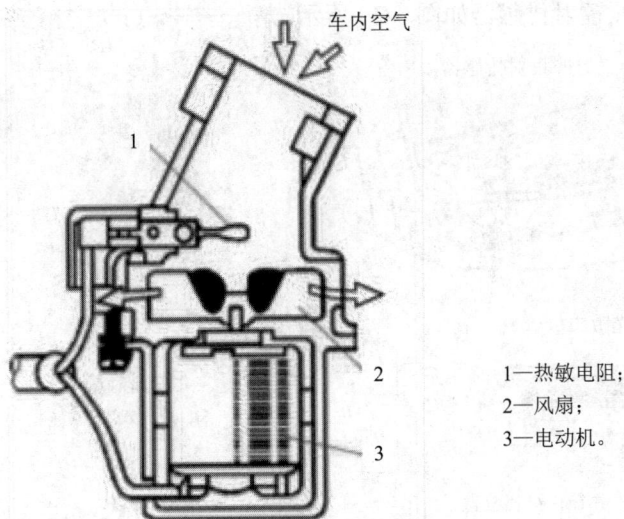

图 3-27　电动机型车内温度传感器

2) 车外温度传感器

车外温度传感器也称环境温度传感器、外界空气温度传感器或大气温度传感器。它的作用是检测车外温度并提供给 ECU，ECU 根据车内外温度信号对比，确定混合门的位置来调节冷暖风比例，从而决定出风口的空气温度；再根据出风口的空气温度确定鼓风机的转速，从而决定出风口的风量，并确定进气门的位置，从而影响车内空气的温度与新鲜度，最终决定压缩机是否工作。车外温度传感器一般安装在前保险杠内或散热器之前，如图 3-28所示。

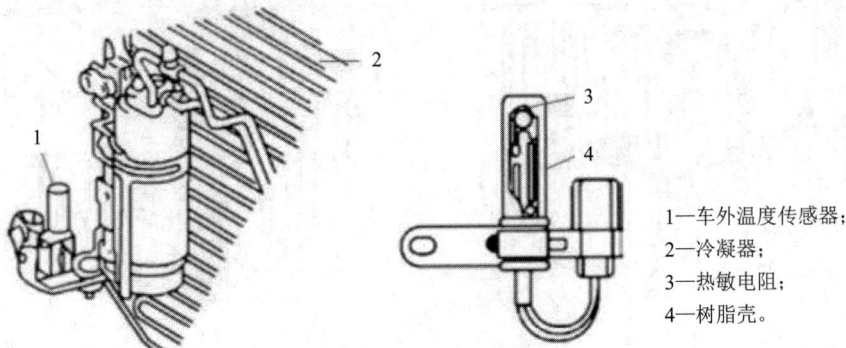

图 3-28　车外温度传感器

由于车外温度传感器极易受到环境(散热器温度、前面车辆的排气等)影响，为此一般将车外温度传感器包在一个注塑料树脂壳内，避免受到环境温度突然变化的影响，使其能准确地检测到车外的平均气温，也可以在 ECU 内部设置防假输入电路。

3) 日照辐射传感器

日照辐射传感器的作用是检测阳光的强度，ECU 根据此信号进行送风温度控制、鼓风机转速控制、人工模式控制和进气模式控制。日照辐射传感器通常安装在仪表台上方，靠近前风窗玻璃的底部。日照辐射传感器用光敏二极管检测太阳能辐射强度，其光敏电阻与太阳辐射量有关。日照辐射传感器如图 3-29 所示。

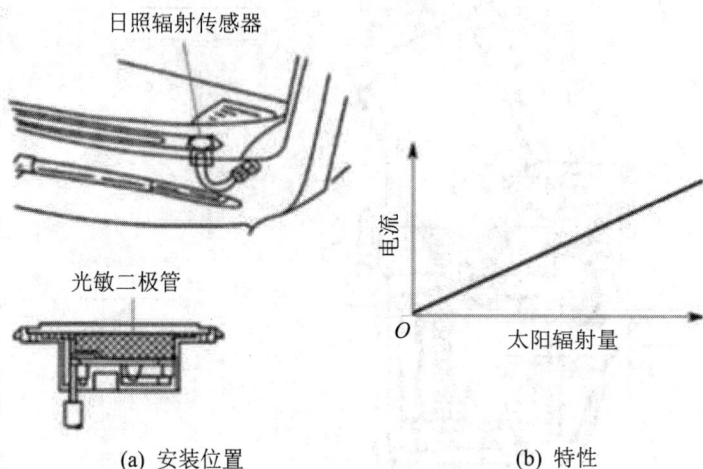

日照辐射传感器

光敏二极管

(a) 安装位置　　　　　　　　　　　(b) 特性

图 3-29　日照辐射传感器

4) 蒸发器温度传感器

电动汽车空调制冷控制系统的蒸发器温度传感器安装在蒸发器的表面，采用的是负温度系数的热敏电阻。其作用是检测蒸发器表面的温度，修正混合门位置，调节车内温度，控制压缩机，防止蒸发器表面结冰。有些车型有两个蒸发器温度传感器，一个用来修正混合门位置，另一个用来防止蒸发器表面结冰，如图 3-30 所示。

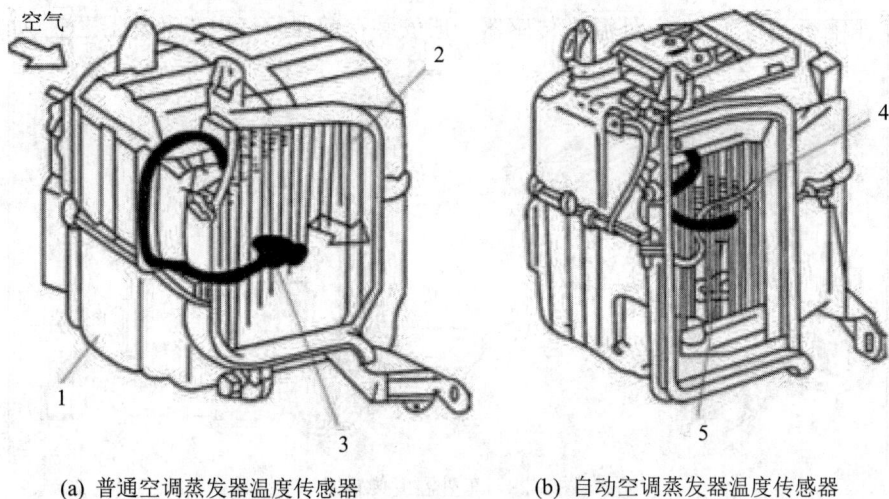

空气

(a) 普通空调蒸发器温度传感器　　　　　(b) 自动空调蒸发器温度传感器

1—冷气装置；2—蒸发器；3—蒸发器温度传感器；4—热敏电阻(用于除霜设备)；
5—蒸发器温度传感器(用于汽车空调器)。

图 3-30　蒸发器温度传感器

5) 空调压力传感器

空调压力传感器安装在高压管路上，其作用是检测制冷管路系统压力，当压力过低或过高时，ECU 控制压缩机停止工作；当压力达到某一中等压力时，冷凝器散热风扇高速旋转，如图 3-31 所示。

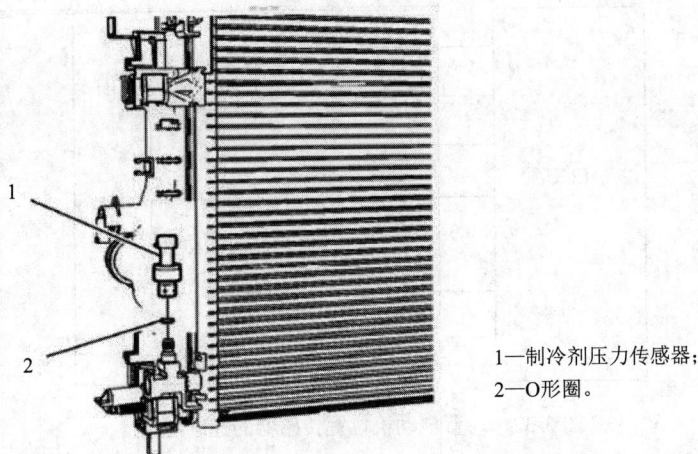

1—制冷剂压力传感器；
2—O 形圈。

图 3-31　制冷剂压力传感器控制电路及安装位置

制冷剂压力传感器由控制模块提供 5 伏参考电压，传感器随着压力的变化改变电阻阻值。电阻的变化将会导致电压降的变化，电压降又由控制模块上的信号电路监测。信号电压可以处在 0.2～4.8 伏，空调制冷剂压力过低时，信号值接近 0 伏；空调制冷剂压力过高时，信号值接近 5 伏。

压力传感器的电压变化可以通过数字万用表或诊断仪进行测试，通过测得的电压查询相关资料，可找到对应的压力值。如不符合可以更换传感器。当制冷剂压力传感器故障时通常会产生故障代码，查阅相关维修手册也可以找到对应故障代码的维修诊断策略。

2. ECU

ECU 也叫微电脑或单片机，与操纵面板制成一体，可根据各种传感器的输入信号，经电子线路对车室内温度、送风量及制冷压缩机等进行控制。

控制器分为两种类型：一种采用集成电路(IC)，另一种采用计算机。这些控制器通常被称为系统放大器、自动空调放大器或空调器。采用 IC 控制的自动空调系统称为放大器控制型自动空调器，而采用计算机控制的自动空调系统称为计算机控制型自动空调器。

3. 执行器

1) 混合门电动机

混合门电动机用来驱动混合门，改变进入车内的冷气和热气的比例，调节车内的空气温度。ECU 根据设定温度、车内温度传感器、车外温度传感器、太阳能传感器、蒸发器温度传感器、空气混合门电动机位置传感器等信号，自动调节混合门位置。一般来说，设定温度越低，车内温度越高，车外温度越高，阳光越强，蒸发器温度越高，混合门就越接近"全冷"位置。

混合门电动机分为直流电动机、步进电动机、内含微芯片的伺服电动机三种。

(1) 直流电动机。混合门直流电动机有内置电动机位置传感器和脉冲信号定位电动机两种。内置电动机位置传感器的控制电路如图 3-32 所示，电动机位置传感器位于直流电动机内部。

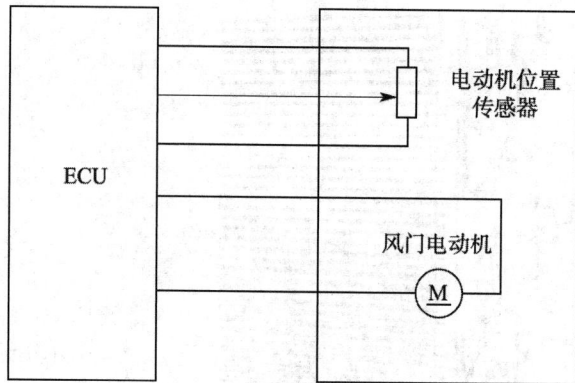

图 3-32　内置电动机位置传感器的控制电路

ECU 通过计算风门控制回路的脉冲确定风门位置。风门电动机转动时，电刷会在两个换向器接触时短路，由此产生的电压波动会引起脉冲信号。ECU 检测压降，并根据内部电阻检测脉冲，以此确定风门电动机位置。

(2) 步进电动机。由于步进电动机具有自定位功能，无混合门电动机位置传感器。

(3) 内含微芯片的伺服电动机。按照电动机与 ECU 连接方式的不同，内含微芯片的伺服电动机可分为总线连接型和无总线连接型。图 3-33 所示为总线连接型内含微芯片的伺服电动机。

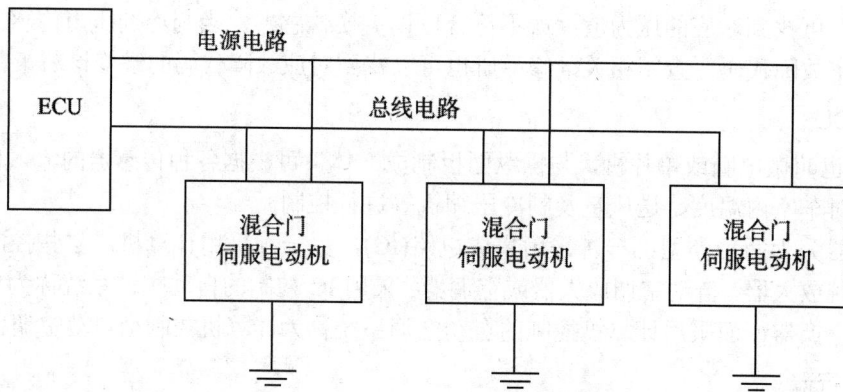

图 3-33　总线连接型内含微芯片的伺服电动机

2) 鼓风机

通过调节鼓风机转速控制送风速度，调节室内空气降温或升温速度，可以实现自动控制、预热控制、时滞控制、鼓风机启动控制、车速补偿、极速控制和手动控制等功能。

(1) 自动控制。当按下 AUTO 按钮时，ECU 进行鼓风机转速自动控制。一般来说设定温度越低、车内温度越高、车外温度越高、阳光越强、蒸发器温度越高，鼓风机转速就越高。

(2) 预热控制。在冬季，当车辆长时间停放后，若启动汽车后马上打开鼓风机，此时吹出的风是冷风而不是想要的暖风，鼓风机要在 PTC 加热器芯温度升高时才能逐步转向正常工作。

　　鼓风机进行预热控制时，按下控制面板上的 AUTO 按钮，将工作模式设为 FOOT(吹脚)或 BI-LEVEL(双通道：吹脚和吹脸)，ECU 根据 PTC 加热器温度传感器检测 PTC 加热器芯温度。当 PTC 加热器芯温度低于 30℃时，鼓风机不工作；当 PTC 加热器芯温度高于 30℃时，鼓风机正常运转。

　　(3) 时滞控制。在夏季，当汽车长时间停驻在高温环境下时，若启动汽车后马上打开鼓风机，此时吹出的风是热风而不是想要的冷风。这说明鼓风机不能马上工作，而是滞后一段时间，等蒸发器温度降低后才工作。当汽车启动后，压缩机已工作，控制面板 AUTO 按钮按下，工作模式设置在 FACE 或 BI-LEVEL 时，EC 对鼓风机的时滞控制过程为当蒸发器温度高于 30℃时，在压缩机接通后，ECU 控制鼓风机电动机断开 4 s，等待冷风装置内的空气冷却降温。此后 ECU 控制鼓风机低速运转 5 s，使冷却的空气送至车室内，如图 3-34所示。

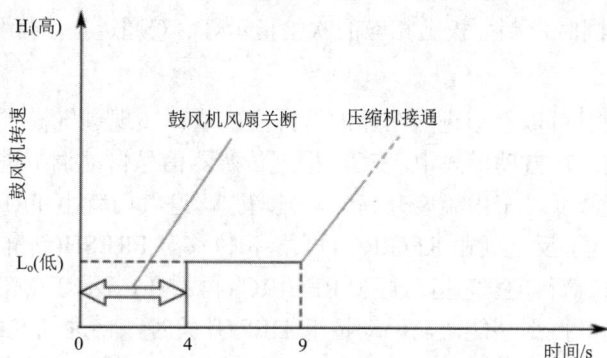

图 3-34　时滞控制(蒸发器温度高于 30℃)

　　当蒸发器温度低于 30℃时，压缩机接通后，ECU 控制鼓风机低速运转 5 s，如图 3-35所示。

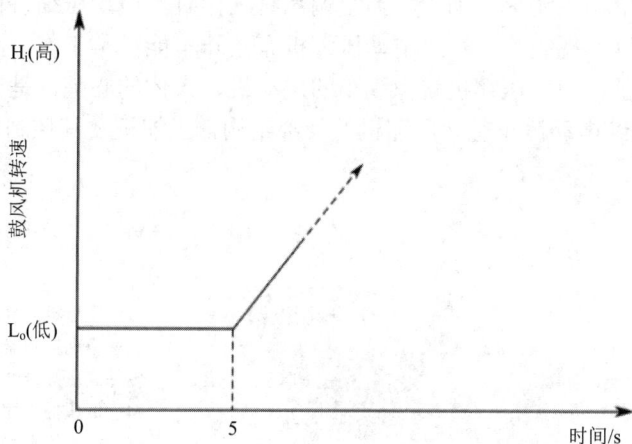

图 3-35　时滞控制(蒸发器温度低于 30℃)

　　(4) 鼓风机启动控制。鼓风机在启动时的工作电流会比稳定时的工作电流大很多，为了防止烧坏鼓风机控制装置，不论鼓风机目标转速是多少，在鼓风机启动时先低速运转，然后才逐步升高至目标转速。

(5) 车速补偿。车速高时，车外迎面风冷却力度强，可适当降低鼓风机的转速，使之与汽车行驶时具有一样的感觉。

(6) 极速控制。当设定温度处于最低温度(18℃)或最高温度(32℃)时，有些车型的鼓风机转速会固定为高速运转。

(7) 手动控制。ECU 根据控制面板手动开关的操作信号，将鼓风机驱动信号送至功率晶体管，从而控制鼓风机的转速。

3) 模式门电动机

模式门电动机用于驱动模式门，调节出风口出风方式，实现送风方向控制，提高舒适性。在自动模式中，模式门一般有吹脸、双通道(吹脸、吹脚)、吹脚、除雾等出风方式。ECU 根据传感器信号按照"头冷脚热"的原则，自动调节模式风门的位置。一般来说，随着设定温度降低、车内温度升高、车外温度升高或阳光增强，模式门就由吹脚位置、双通道向吹脸位置转动，同时控制面板上相应的吹脸指示灯、双通道指示灯和吹脚指示灯点亮。

4) 进气门电动机

通过进气门电动机可以调节进入车厢的新鲜空气量，实现进气模式控制，使车内空气温度和质量达到最佳。在自动模式中，ECU 根据传感器信号自动调节进气门的位置。一般来说，随着设定温度降低、车内温度升高、阳光增强，进气门就由 FRESH(新鲜空气)位移至 RECIRC (再循环)位，反之就由 RECIRC (再循环)位移至 FRESH(新鲜空气)位，同时控制面板上相应的 FRESH (新鲜空气)指示灯和 RECIRC (再循环)指示灯点亮。该控制系统还有一种新鲜空气强制进气控制功能，当手动按下 DEF 开关时，将进气方式强制改为 FRESH方式，以清除风窗玻璃上的雾气。除此之外，有些进气模式控制还可改变新鲜空气与循环空气的混合比例。

5) 电动压缩机

电动压缩机为空调系统提供动力，当空调系统工作时，电动压缩机使制冷剂在制冷系统中正常循环流动以实现制冷。一旦电动压缩机有故障不能正常工作，空调循环系统无法运行，就无法制冷了。因此压缩机就像汽车的发动机、人体的心脏，是空调系统动力的源泉。图 3-36 所示为纯电动汽车空调压缩机的外部结构，压缩机及其控制器连接在一起，形成整体结构。

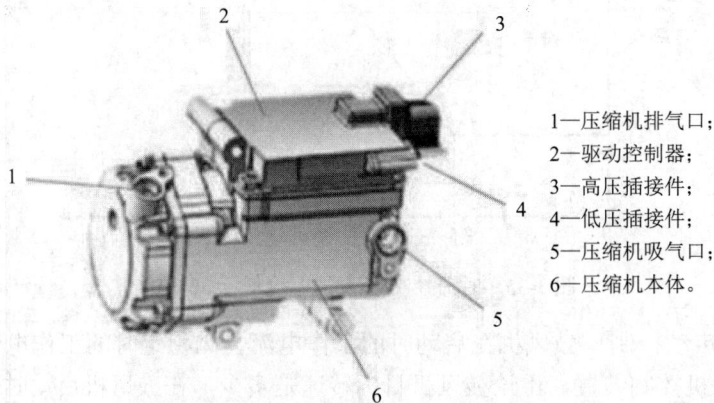

1—压缩机排气口；
2—驱动控制器；
3—高压插接件；
4—低压插接件；
5—压缩机吸气口；
6—压缩机本体。

图 3-36　纯电动汽车空调压缩机的外部结构

图 3-37 所示为电动汽车空调压缩机电路原理。

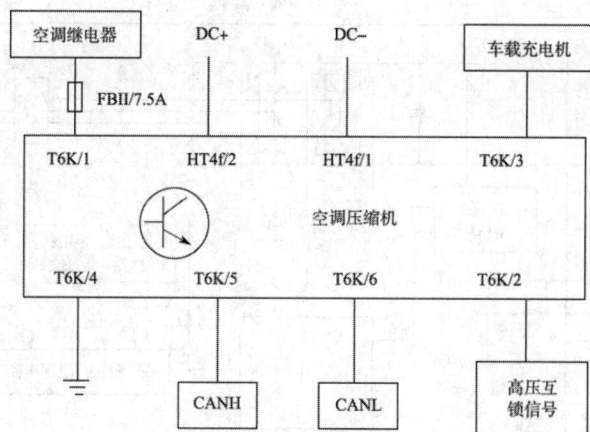

图 3-37　电动汽车空调压缩机电路原理

空调继电器控制压缩机 12 V 低压电源保证了空调压缩机控制器的通信信号传输及控制功能。VCU 通过数据总线 CANH、CANL 与空调压缩机控制器相连接，再由压缩机控制器控制空调压缩机的高压电源线 DC+ 与 DC- 通断。高压互锁信号线在高压通电前确保整个高压系统的完整性，使高压电处于一个封闭的环境下，提高了安全性。空调压缩机的高压线束与低压线束相互独立，线束的各个端子定义如图 3-38 和图 3-39 所示，其中高压端子 B 与 DC+ 对应，为高压电源正极；高压端子 A 与 DC- 对应，为高压电源负极。

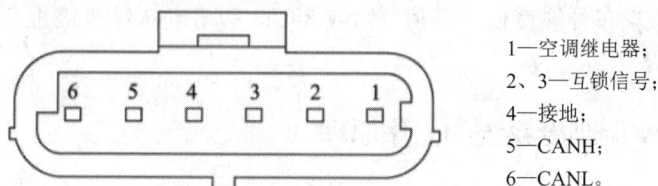

1—空调继电器；
2、3—互锁信号；
4—接地；
5—CANH；
6—CANL。

图 3-38　电动压缩机低压连接器

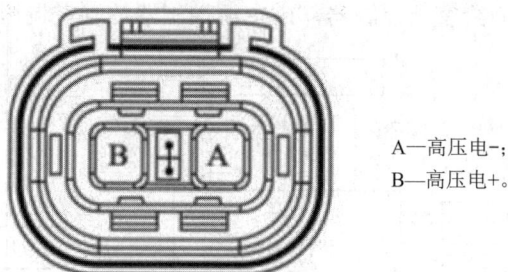

A—高压电-；
B—高压电+。

图 3-39　电动压缩机高压连接器

由于电动汽车空调系统采用压缩机为电动压缩机，其本身具有调速功能，所以其控制系统与传统空调压缩机控制系统有明显不同。

(1) 占空比控制。图 3-40 所示为电动压缩机占空比控制原理。电动压缩机控制器根据 VCU 传来的 A/C 信号、冷暖选择信号、鼓风机信号以及各种传感器传来的车内温度、车外温度、蒸发器温度等参数，自动控制电动压缩机电动机的转速，从而调节蒸发器表面温度，并防止蒸发器表面结冰，达到调节空调制冷量的目的。

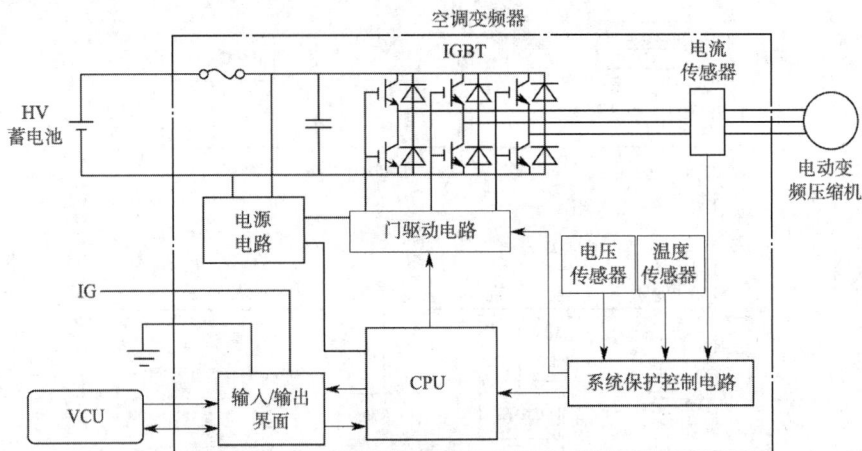

图 3-40　电动压缩机占空比控制原理

(2) 欠电压、过电压保护。当动力蓄电池电压过低，低于 260 V±5 V 时，驱动控制器将自动切断电路，以保护动力蓄电池与电动压缩机；在不重启电动压缩机的情况下，若电源电压回升至 275 V±5 V，电动压缩机会自动重新启动；当动力蓄电池电压过高，高于 380 V±5 V 时，驱动控制器将自动切断电路，以保护动力蓄电池与电动压缩机。

(3) 过电流保护。当电路中电流过高时，驱动控制器将自动切断电力，以避免电流过大对电动压缩机及驱动控制器造成损坏。

(4) 低温保护。当车外温度低于某值(3℃或 8℃)时，电动压缩机停止工作，降低电动压缩机的损耗。

3.2.2　电动汽车空调制冷系统的工作原理

电动汽车空调制冷控制系统原理如图 3-41 所示，VCU 采集到空调 A/C 开关信号、空调压力开关信号、蒸发器温度信号、风速信号以及环境温度信号，经过运算处理形成控制信号，通过 CAN 总线传输给空调控制器，由空调控制器控制空调压缩机高压电路的通断。

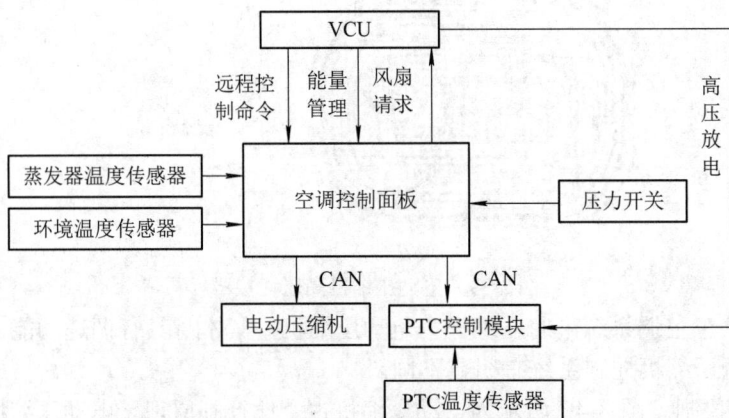

图 3-41　电动汽车空调制冷控制系统原理

电动汽车空调制冷控制系统会根据电动汽车的实际工况进行调整，以下是电动汽车在不同工况下时，空调制冷控制系统的工作情况。

1) 汽车静止时

当汽车静止时，VCU 通过 CAN 总线从电池管理系统获取动力蓄电池的信息，根据动力蓄电池 SOC 和最大可放电功率来判断电动空调压缩机是否可以运转。一般来说当动力蓄电池剩余电量小于 5%或者最大可放电功率小于 6 kW 时，空调系统不能使用。在空调的使用过程中，当动力蓄电池剩余电量小于 3%或者最大可放电功率小于 5 kW 时，VCU 会关闭空调，以防止动力蓄电池过放电。

2) 汽车行驶中

当汽车行驶时，VCU 判断车辆续航里程是否低于某一预设值(通常为 30 km)，若低于该数值，则 VCU 通过仪表对驾驶员进行提示，提示驾驶员可通过关闭空调系统来延长续航里程。

3) 汽车充电时

当汽车充电时，VCU 根据电池管理系统 CAN 总线获取动力蓄电池剩余电量，考虑到若车辆在充电时开启空调，动力蓄电池剩余电量有可能会降低，为防止动力蓄电池因空调系统工作而造成过放电，当动力蓄电池剩余电量低于 10%时，禁止使用空调。

3.2.3 电动汽车空调制冷系统的控制模式

VCU 根据从温度调节旋钮采集到的信号、A/C 开关信号和循环模式开关信号来控制空调的工作模式。具体控制过程如下：

(1) 当 A/C 开关和循环模式开关均未被按下或温度调节旋钮处于中间状态时，VCU 不对压缩机与 PTC 加热器进行控制，此时空调处于待机状态。

(2) 当 A/C 开关被按下时，VCU 会通过 CAN 总线向压缩机控制器发送使能命令与转速值，其中转速值是 VCU 根据温度调节旋钮确定的冷暖风门位置计算而来的。压缩机的转速值与冷暖风门位置呈非线性关系，温度调节旋钮越偏向制冷侧，压缩机转速就越高。

(3) 当仅有循环模式开关被按下时，VCU 会通过 CAN 总线向 PTC 控制器发送使能命令与 PTC 加热器的工作功率值。其中 PTC 加热器的工作功率值是 VCU 根据温度调节旋钮所确定的冷暖风门位置计算而来的。PTC 加热器的工作功率值与冷暖风门位置呈非线性关系，温度调节旋钮越偏向制热侧，PTC 加热器的工作功率值就越高。

(4) 当 A/C 开关和循环模式开关均被按下时，VCU 判断这两个按钮哪个先被按下，并以先按下的按钮为准对空调进行控制。另外，若 A/C 开关和循环模式开关同时被按下，则 VCU 控制空调处于待机状态，直到其中一个按钮的按下状态消失。

(5) 若连续按动 A/C 开关时，VCU 会判断距离上次关闭的时间是否大于 30 s，若满足该条件，则 VCU 向压缩机发出使能命令以保护压缩机。

3.2.4 电动汽车空调制冷控制系统常见故障诊断与处理

1. 电动压缩机及控制线路的检测

进行电动压缩机维修时，有高压触电的危险，操作前一定要穿橡胶绝缘鞋，戴绝缘手套，严格按照高压电的操作规范进行。

举升汽车，拆下电动压缩机低压连接器及高压连接器，识别压缩机低压连接器及高压线束，如图 3-42 所示。

图 3-42　电动压缩机低压连接器及高压连接器

1) 接地线、CAN 总线的测量

将点火开关置于"OFF"状态，断开空调压缩机低压连接器，分别测量接地线、CAN 总线。

(1) 接地线的测量。用万用表测量低压连接器 4 号脚与车身之间的电阻如图 3-43 所示，其正常电阻应不超过 1 Ω。如果电阻为无穷大，则故障为接地线断路。若接地线有故障，压缩机控制器无法控制压缩机工作。

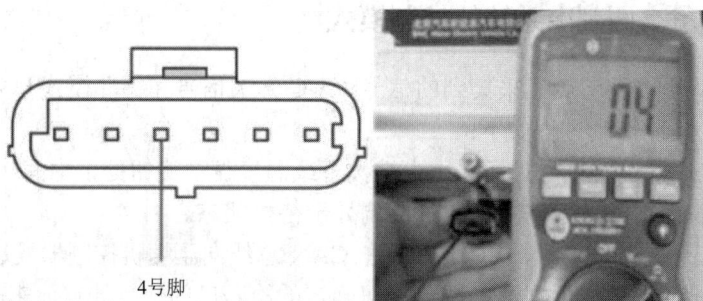

4号脚

图 3-43　接地线的测量

(2) 电动压缩机 CAN 总线电阻的测量。用万用表测量低压连接器 5 号脚(CANH)与 6 号脚(CANL)之间的电阻，如图 3-44 所示，其电阻约为 60 Ω。若电阻为无穷大，则故障为 CANH 与 CANL 之间断路。若电阻接近于 0，则可能为 CANH 与 CANL 之间短路，或与其连接的相关部件有短路现象。

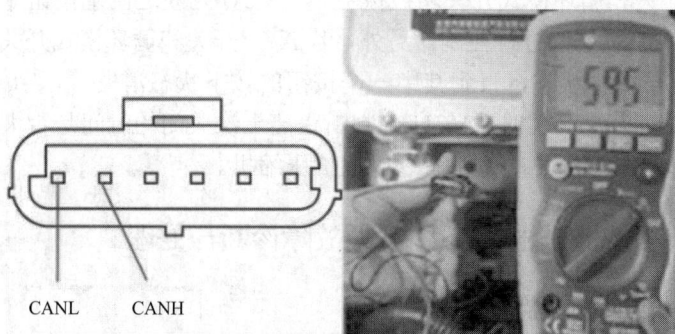

CANL　　CANH

图 3-44　CAN 总线电阻的测量

(3) 电动压缩机 CAN 总线的接地短路测量。用万用表分别测量低压连接器 5 号脚 (CANH)与车身、6 号脚(CANL)与车身之间的电阻，如图 3-45 所示，电阻值应为无穷大。若电阻接近于 0，则故障为导线有接地现象。导线接地短路往往是由于导线绝缘老化、磨损而导致导线的金属直接与车身相通。

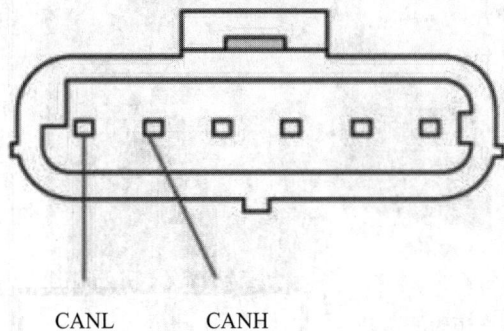

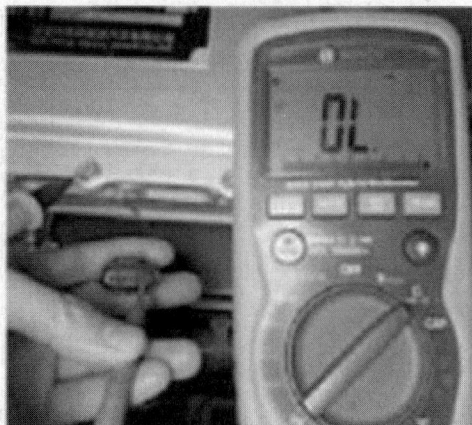

CANL　　　CANH

图 3-45　CAN 总线的接地短路测量

2) 压缩机高压互锁信号线的测量

用万用表测量空调压缩机低压接口内部 2 号脚与 3 号脚之间的电阻，如图 3-46 所示，电阻值应小于 1 Ω。如果电阻为无穷大，则故障为线路断路。

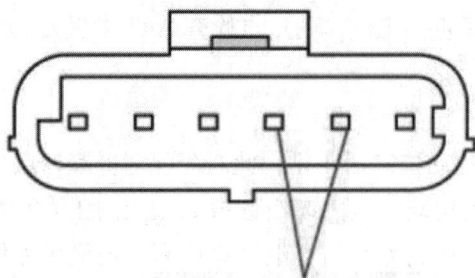

2号脚与3号脚电阻

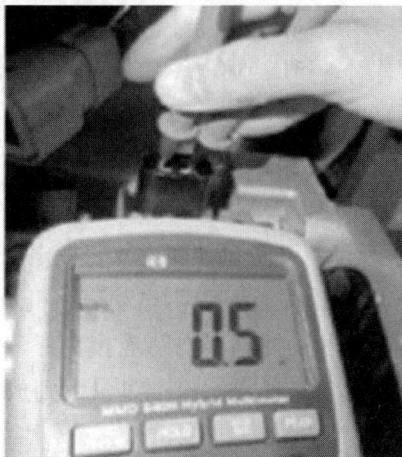

图 3-46　高压互锁测量

3) 12 V 低压电源线的测量

将点火开关旋至"ON"挡，用万用表测量低压连接器 1 号脚的直流电压，如图 3-47 所示，电压应为 9～14 V。如果测得电压为零，则检查 FBII/7.5A 熔丝和空调继电器。若熔丝及空调继电器良好，那么检查低压连接器 1 号脚与 FBII/7.5A 熔丝之间是否断路。

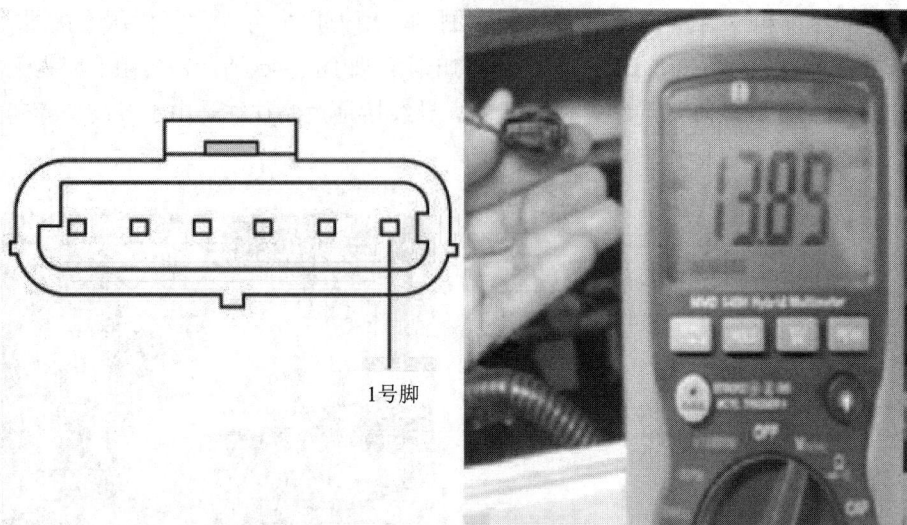

图 3-47　低压电源线的测量

4) 空调压缩机高压线 A、B 线电流的测量

连接空调压缩机低压连接器，把点火开关旋至"ON"挡，打开空调 A/C 开关，把鼓风机风量开至最大，用数字钳形表分别测量 A 线和 B 线的电流，电流应为 1～1.5 A。若电流为零，检查动力蓄电池高压线连接器以及高压控制盒高压线束连接器，如果连接器正常，则为空调压缩机内部控制器故障。

2. 电动压缩机无法启动时压缩机及控制系统的检修

当启动电动压缩机后，听不到电动压缩机工作运转的声音，而且仪表板上电源电流无变化。若有上述两种情况，可以断定电动压缩机不能正常启动。电动压缩机无法正常启动时的检修步骤如下：

(1) 检查鼓风机是否正常工作，如果鼓风机不工作，则重点检查 A/C 开关及其导线，使其工作正常。

(2) 重新打开空调，观察仪表板电源电流是否有变化。

① 如果有变化，说明电动压缩机及其驱动控制器正常，此时先保证冷凝器风扇正常工作，保证驱动控制器电路连接良好，然后用歧管压力表组读取高低压侧压力，判断制冷剂是否过量。如果制冷剂过量，则放出适量制冷剂，再继续读取高低压侧压力值直至正常。

② 如果无变化，说明电动压缩机驱动控制器不工作。此时先保证驱动控制器低压电源连接正常，然后检查蓄电池是否正常。如果蓄电池电压过低，则对蓄电池充电并检查 DC/DC 变换器是否正常工作，最后检查高压盒中电动空调熔丝是否烧毁。如果熔丝烧毁，则更换熔丝。

(3) 若电动压缩机损坏，应更换电动压缩机。电动压缩机无法正常启动时的故障检修见表 3-1。

表 3-1　电动压缩机无法正常启动时的故障检修

故障现象	故障类别	故障原因	检测及排除措施
压缩机未启动或电源电流无变化	驱动控制器不工作	DC12V 控制电源未通入驱动控制器	检查控制电源到驱动控制器之间的导线是否断路
		控制电源电压不足或超压	测量控制电源电压是否达到要求（9～15 V）
		插接件端子接触不良或松脱	检查驱动控制器控制电源插头端子是否松脱
	驱动控制器工作正常	驱动控制器未接收到空调系统的 A/C 开关信号	检查 A/C 开关及其导线
		欠压保护启动	关闭整车主电源，检查压缩机供电
	压缩机不工作	压缩机卡滞、损坏	更换压缩机
启动时压缩机有轻微抖动，电源电流有变化，随后降为零	电动机过流保护	系统压差过大，使电动机负载过大，导致过流保护启动	回收多余制冷剂，保证冷凝器风机正常工作，待系统压力平衡后再次启动压缩机
		电动机缺相导致的过流保护启动	检查驱动控制器与电动机连接的三相插头及相关导线，保证其接触良好及导通

3. 压缩机工作不正常时压缩机及控制系统的检修

当压缩机工作不正常时，会听到电动压缩机发出异响。压缩机工作不正常时的故障检修见表 3-2。

表 3-2　压缩机工作不正常时的故障检修

故障现象	故障类别	故障原因	检测及排除措施
电动压缩机异响	制冷系统故障	系统压差过大使电动机负载过大，导致过流保护启动	保证冷凝器风机正常工作，待系统压力平衡后再次启动
	控制系统故障	电动机缺相导致的过流保护启动	检查驱动控制器与电动机连接的三相插头及相关导线，保证其接触良好及导通
	压缩机故障	缺少冷冻机油	加注冷冻机油

3.2.5　任务实施

实训题目	恒温控制开关检测				
工具					
班级		时间		地点	
内　　容					

Step1. 导学

车主反映新能源汽车夏天开空调制冷效果不好，一个月前在修理厂加过两次空调冷煤，经修理工检查未发现制冷系统存在冷煤泄露情况，初步判断为制冷控制系统存在故障，需对制冷控制系统恒温控制开关进行检测以确定是否需要更换。

Step2. 信息

1. 作业前准备。

(1) 首先保证规范的着装；

(2) 在车辆周围应当拉设 ＿＿＿安全围挡＿＿＿ ；

(3) 为了防止车辆着火，发生火灾，应当在作业前检查 ＿灭火器＿ ；

(4) 在车辆前方需要放置＿＿安全警示牌＿＿ ；

(5) 为了保证我们的安全，在工作前我们要准备好＿安全帽、绝缘手套、护目镜/面罩、绝缘鞋＿ 四件套。

2. 检查所需要用到的检修工具。

(1) 作业所需要用到的工具有：＿毛巾、梅花扳手、螺丝刀、万用表＿ ；

(2) 在作业前需要检查维修手册、电路图是否完备；

(3) 在作业前要测量绝缘地垫的绝缘电阻，测量的标准值应当是大于 20 MΩ。

3. 基本知识。

(1) 整套空调系统由压缩机、两台并联的蒸发器、一台冷凝器、连接管路及相关的附件组成；

(2) 空调系统使用 HFC-134a(R134a) 型制冷剂；

(3) 本空调系统制冷剂、压缩机油以及零部件与 CFC-12(R12)空调系统之间是(可以/不可以)互换的 。

注意：在补充或更换制冷剂及压缩机油和在更换零部件时，务必令使用的材料或部件适用于装在正在被维修的汽车内的空调，只要有一件被错用，就会导致制冷剂渗漏，部件损坏或其他故障状态。

4. 恒温控制开关检测任务实施见下表。

程　序	现象记录
方法一	
(1) 断开恒温开关的接线	显示现象 _____
(2) 在开关端子之间连接一个欧姆表	显示现象 _____
(3) 从蒸发器芯上卸下该开关毛细管	显示现象 _____
(4) 将毛细管浸入冰水中，直到它被完全冷却	显示现象 _____
(5) 确保开关触点断开，并在毛细管冷却期间保持断开状态，欧姆表应显示开路	显示现象 _____
(6) 从冰水中取出毛细管，并使其升温，开关触点应闭合，欧姆表应显示通路	显示现象 _____
方法二	
使用数字万用表检查开关触点。让其毛细管连接到蒸发器，制冷系统持续工作至足以引起触点断开。观察万用表的状态变化从而判定其好坏	显示现象 _____

Step3. 规划

1. 接受并解析用户委托书，并讨论如何与用户沟通，列出所有"问诊"话术，尽可能地得到"解决用户反映的问题"的线索。

2. 通过与用户沟通，收集车辆信息，询问故障现象的前后经过，确定工作内容。

_____

_____

_____

3. 小组讨论如何与用户沟通，告诉用户初步的解决方案、工作计划、条件许可时可预估维修预算和维修工时，形成海报并进行展示。

_____

_____

_____

_____

Step4. 决策

根据与用户的交流信息及实车初步的功能检查所收集到的信息，在之前信息分析的海报上完善所列出的车辆空调器恒温控制开关检测操作流程。

_____

_____

_____

_____

Step5. 执行

根据 Step4 罗列操作前的安全注意事项，决策所确定的流程完成下列各项(如不涉及可不填)。

1. 安全注意事项：_____

_____

2. 工作方案：

_____

_____

_____

3. 场地、设备及车辆：

_____

_____

_____

_____

4. 在组长的组织下完成执行过程记录，形成展示的海报。

_____

_____

_____

_____

Step6. 检查

1. 检查车辆仪表的故障灯是否还亮；
2. 检查故障码是否已经完全清除；

3. 检查车辆其他功能是否正常；
4. 检查工具是否全部归位；
5. 检查设备是否全部归位；
6. 检查工作场地是否清洁；
7. 完成以上工作后，向"用户"解释故障原因的话术填写在下面。

_____

_____

_____

_____

Step7. 评判

自我反思，发现自己的不足，对实操过程进行总结和评价。或者针对实操过程中其他组的同学表现进行评价，评价指标不限于以下内容：

评价内容	评价指标(各项满分 10 分)	评价结果
工具设备	工具使用规范：工具有落地扣 1 分，工具选用错误扣 1 分，工具摆放凌乱扣 1 分，工具未清洁扣 1 分	
流程掌握	流程漏项扣 1 分，流程错误扣 3 分，没有流程为 0 分	
交流互助	由于交流不到位导致工作不畅扣 1 分，实习过程中没有交流扣 1 分	
完成速度	第一得 10 分，第二得 8 分，第三得 7 分	
安全意识	在操作中出现安全隐患得分为 0，车辆保护未到位扣 2 分	

Step8. 系统化

通过老师对学习成果的总结，对预备知识和后续学习情景之间的联系进行记录，并记录下节课的学习任务

任务 3.3　检修电动汽车暖风系统

任务目标

知识目标	技能目标	素养目标
了解电动汽车空调暖风系统的作用及类型	掌握电动汽车空调暖风系统的故障诊断与排除方法	培养学生综合分析问题、解决问题的能力，树立精益求精的工匠精神

3.3.1　电动汽车暖风系统的作用及类型

1. 电动汽车空调暖风系统的作用

1) 冬季取暖

在寒冷的冬季，人坐在汽车内会感到寒冷。汽车空调暖风系统可将车内空气或送入车内的外部新鲜空气加热，以提高车厢内的温度，使驾乘人员感到舒适。

2) 调节车内温度

现代汽车空调系统的空调器已采用冷暖一体化的形式，利用加热器和蒸发器一起将冷空气调节到人体所需要的舒适温度，以提高车内的舒适性。

3) 车窗玻璃除霜

在冬季或春秋季，由于车内外温差较大，车窗玻璃会起雾或结霜，影响驾驶员的视线，不利于行车安全，此时可利用汽车空调暖风系统吹出热风来除霜或除雾。

2. 电动汽车空调暖风系统的类型

电动汽车空调暖风系统与传统汽车空调暖风系统的区别是压缩机驱动方式发生了变化。电动汽车空调压缩机采用电驱动的方式，而传统汽车空调绝大多数采用发动机驱动。在暖风实现的形式上，电动汽车空调暖风系统通常是利用电加热的方式来产生暖风。电动汽车空调暖风系统有以下三种类型：

1) 热泵式

图 3-48 所示为电动汽车热泵式空调系统，主要由电动压缩机、单向阀、四通换向阀、节流装置(双向热力膨胀阀)、室内换热器、室外换热器和气液分离器等组成。

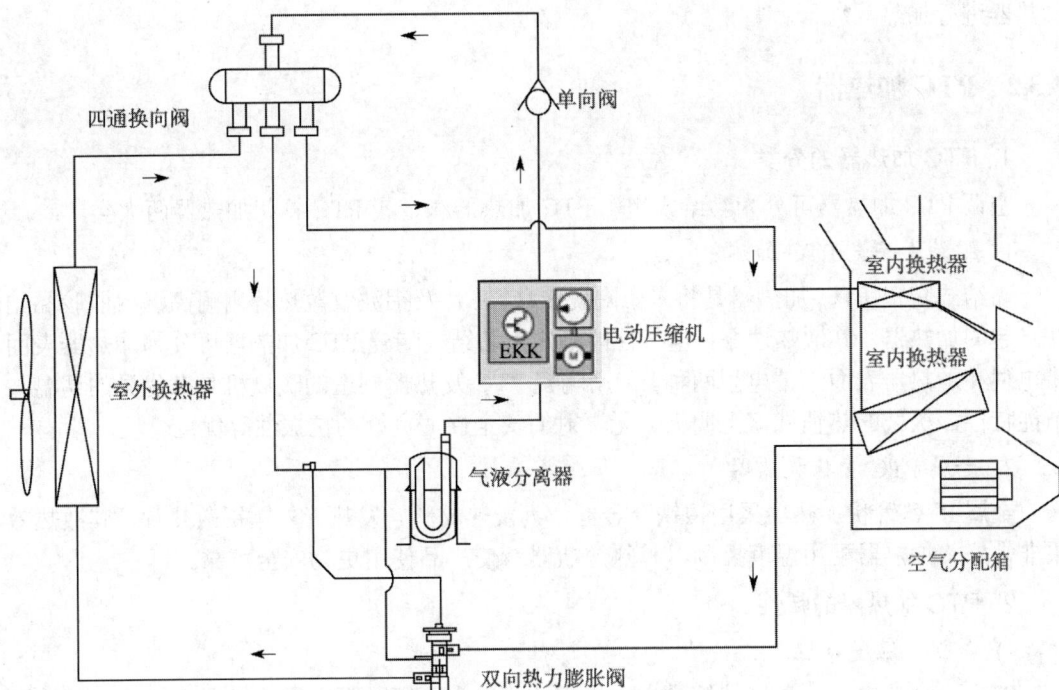

图 3-48　电动汽车热泵式空调系统

　　在制冷模式下，电动压缩机出口排出的高温高压制冷剂气体经单向阀、四通换向阀进入室外换热器，在室外换热器内向外界空气放热，冷凝为高温高压的制冷剂液体，流经双向热力膨胀阀进行节流降压，节流后制冷剂变为低温低压的制冷剂蒸气进入室内换热器，吸收室内空气热量，以达到降低车厢内温度的目的，最后从室内换热器排出的低温低压制冷剂经四通换向阀、气液分离器被电动压缩机吸入气缸，进行下一个制冷循环。

　　在制热模式下，从电动压缩机出口排出的高温高压制冷剂气体经单向阀、四通换向阀进入室内换热器，向车内空气放热，以达到提升车厢内温度的目的；制冷剂放热后冷凝为低温高压的制冷剂液体，流经双向热力膨胀阀进行节流降压，节流后的制冷剂蒸气进入室外换热器与室外空气进行热交换，吸热后从室外换热器排出的低温低压制冷剂经四通换向阀、气液分离器被电动压缩机吸入气缸，进行下一个制热循环。

　　2) PTC(Positive Temperature Coefficient，PTC)热敏电阻加热器式

　　PTC 热敏电阻通常是用半导体材料制成的，按材质可分为陶瓷 PTC 热敏电阻和有机高分子 PTC 热敏电阻。PTC 热敏电阻具有电阻值随环境温度高低的变化而增加或减小的特性。PTC 加热器具有节能、恒温、安全和使用寿命长等特点。

　　PTC 加热器式暖风系统又分为 PTC 加热器直接加热空气(又称 PTC 空气加热器)和 PTC 加热器加热水(又称 PTC 水暖加热器)两种形式。目前国内市场 PTC 空气加热器应用较为广泛，PTC 水暖加热器采用得较少。

　　3) 余热 + 辅助 PTC 加热器式

　　余热 + 辅助 PTC 加热器式空调暖风系统利用大功率器件(功率变换、驱动电动机、电动机控制器等)工作时产生的热量，对车内环境进行热交换。当热量不足时，启用辅助 PTC

加热器进行加热。

3.3.2　PTC 加热器

1. PTC 加热器的分类

空调 PTC 加热器可分为黏结式陶瓷 PTC 加热器和金属 PTC 管状加热器两大类。

1) 黏结式陶瓷 PTC 加热器

黏结式陶瓷 PTC 加热器是将多个陶瓷 PTC 芯片及铝波纹散热片用耐高温树脂胶黏结在一起的加热器，其散热性好，电气性能稳定。黏结式陶瓷 PTC 加热器可分为加热器表面带电型和加热器表面不带电型两种。采用陶瓷 PTC 发热器制造的暖风机具有优异的调温与节能特性，极低的热惯性，无明火、无辐射的安全性，良好的抗振性等优点。

2) 金属 PTC 管状加热器

金属 PTC 管状加热器采用镍铁合金丝作为发热材料，发热管外镶铝散热片，其散热效果非常好。加热器配用温度控制器和热熔断器，使产品使用更为安全可靠。

2. PTC 加热器的特性

1) 电阻—温度特性

PTC 元件的电阻—温度特性是指在规定的测量电压下，额定零功率电阻 R_{25}（指环境温度25℃条件下测得的零功率电阻值）与电阻自身温度之间的关系。图 3-49 所示为 PTC 元件的电阻—温度特性，图中 T_c 至 T_p 区间的曲线部分为工作区间。

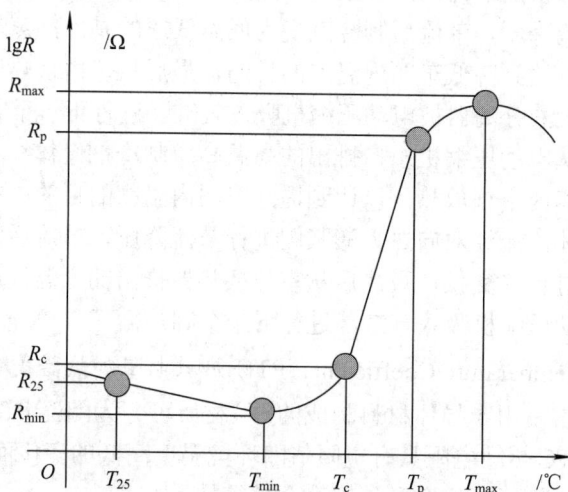

图 3-49　PTC 电阻—温度特性

2) 电流—时间特性

PTC 元件的电流—时间特性是指当 PTC 元件两端加上额定工作电压时其电流与时间的关系，如图 3-50 所示。开始通电瞬间的电流称为起始电流，达到热平衡时的电流称为残余电流。在一定的环境温度下，给 PTC 热敏电阻加一个起始电流(保证是动作电流)，通过 PTC 热敏电阻的电流降低到起始电流的 50%时所经历的时间就是动作时间。

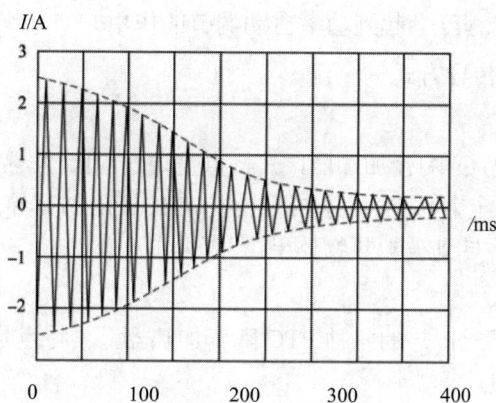

图 3-50　PTC 元件的电流—时间特性

3) 电压—电流特性

PTC 元件的电压—电流特性又称伏安特性，是指常温下 PTC 热敏电阻在加电气负载达到热平衡的情况下电压与电流的相互关系，如图 3-51 所示。

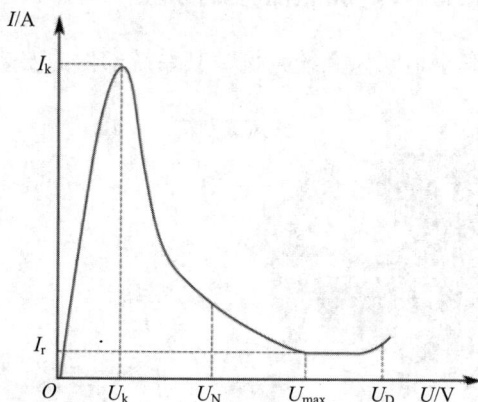

图 3-51　PTC 元件的电压—电流特性

PTC 热敏电阻的伏安特性大致可分为三个区域：

(1) 线性区电压和电流的关系基本符合欧姆定律，不产生明显的非线性变化，也称不动作区。

(2) 跃变区，此时由于 PTC 热敏电阻的升温，电阻值产生跃变，电流随着电压的上升而下降，所以此区域也称为动作区。

(3) 击穿区，此时的电流随着电压的上升而上升，PTC 热敏电阻的阻值呈指数下降，于是电压越高，电流越大，PTC 热敏电阻的温度越高，阻值反而降低，很快就导致 PTC 热敏电阻的热击穿。

伏安特性是过载保护 PTC 热敏电阻的重要参考特性。

4) 调温特性

PTC 加热器的输出功率会随着环境温度的升高而明显降低。从另一方面来讲，也可以理解为室温越低，PTC 输出功率越大，加热也就越迅速；随着室温升高，PTC 输出功率逐步下降，升温效果也就越趋于缓慢。在风量不变的情况下，当环境温度上升时，PTC 功率下降，这一特征在一定程度上起到功率自动调节的作用。

3. PTC 加热器的传导方式

1) 热传导

以热传导为主的 PTC 陶瓷加热器，其特点是通过 PTC 发热元件表面安装的电极板(导电兼传热)、绝缘层(隔电兼传热)、导热蓄热板(有的还附加有导热胶)等多层传热结构，把 PTC 元件发出的热量传导到被加热物体上。

2) 热对流

利用热风进行对流式传热的各种 PTC 陶瓷加热器，其特点是输出功率大，并能自动调节吹出风温和输出热量。

3) 热辐射

PTC 陶瓷红外线热辐射加热器的特点是利用 PTC 元件或导热板表面迅速发出的热量，直接或间接地激发接触其表面的远红外涂料或远红外材料，使之辐射出红外线。

3.3.3　电动汽车暖风系统 PTC 加热器控制原理

以五菱 G100 电动汽车空调暖风系统为例，其系统部件的安装位置如图 3-52 所示。

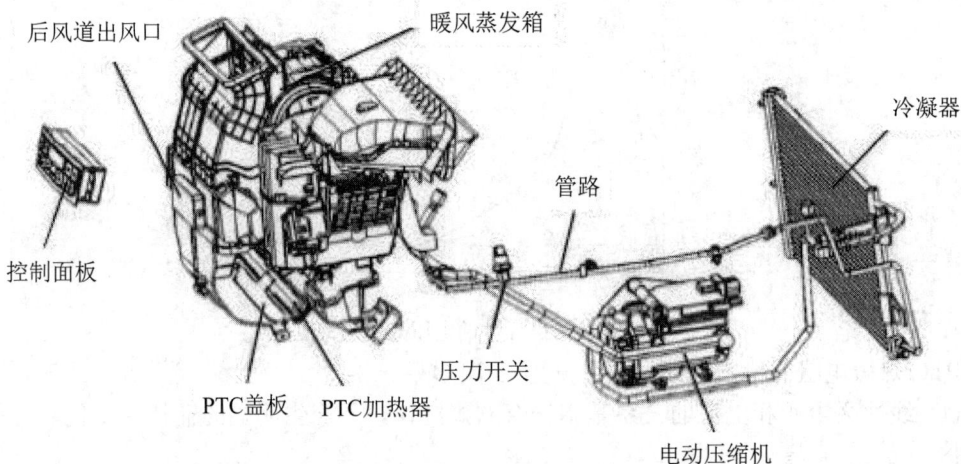

图 3-52　五菱 G100 电动汽车空调系统部件的安装位置

五菱 G100 电动空调 PTC 电气原理图如图 3-53 所示。驾驶员通过操作暖风机挡位开关选择所需的挡位，挡位共分为四挡，分别对应不同的加热功率和温度。当挡位开关调至相应挡位时，车内电控系统会接收到信号，并根据选择的挡位来控制 PTC 加热器的工作。一般来说，高挡位会提供最大的加热功率，低挡位会提供较低的加热功率。此时，暖风 PTC 开关也起到控制 PTC 加热器的作用。驾驶员可以通过操作暖风 PTC 开关来手动启动或停止 PTC 加热器的工作。当暖风 PTC 开关处于启动状态时，PTC 加热器将开始加热。PTC 元件的电阻随着温度升高而增加，加热速度逐渐减慢。车内电控系统会通过温度传感器监测车内温度。在温度接近或达到设定的目标温度时，电控系统会相应调节 PTC 加热器的电

流，控制加热功率，以维持稳定的温度。当车内温度超过设定的目标温度或驾驶员将暖风
PTC 开关关闭时，电控系统会停止给 PTC 加热器供电，以停止加热。

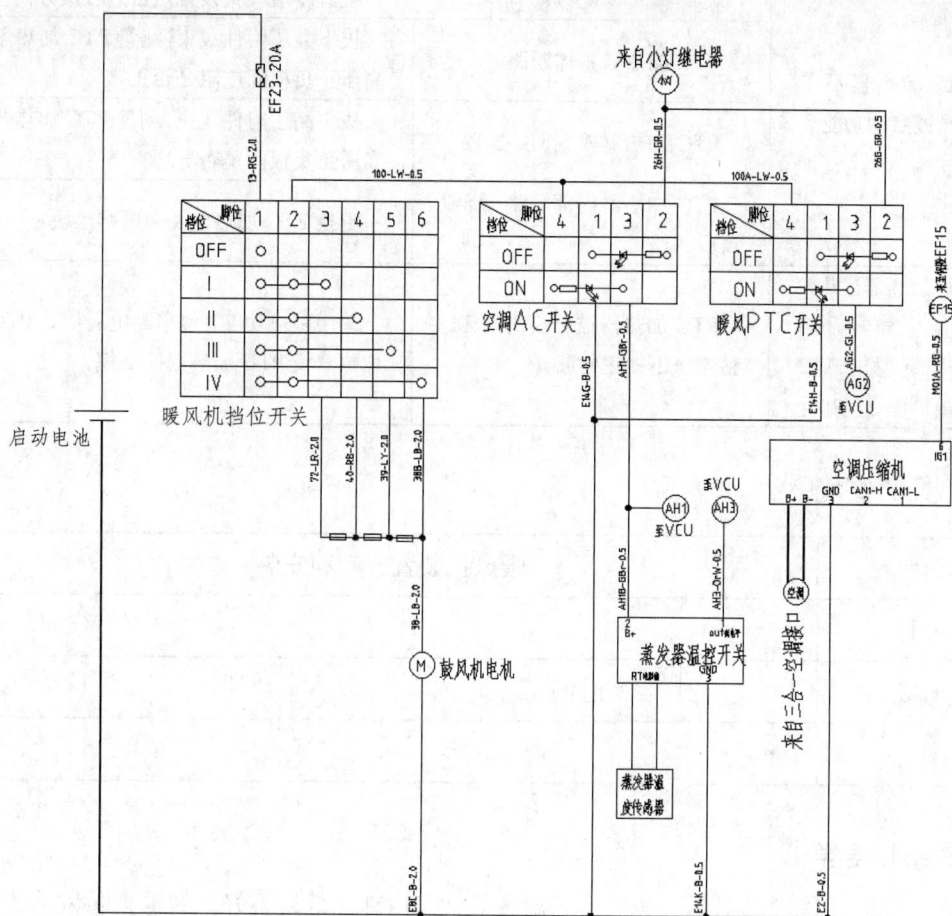

图 3-53　五菱 G100 电动空调 PTC 电气原理图

3.3.4　电动汽车暖风系统的常见故障

1. 电动汽车空调暖风系统的故障排除流程

(1) 确认操作正常无误。

(2) 检查系统连接是否正常，是否存在插接件漏插现象。

(3) 通过鼓风机有无风来判断 A/C 开关是否正常。

(4) 检查高压熔丝(即高压输入 PTC 加热器)是否正常。

(5) 以上故障诊断建议通过故障诊断仪进行，根据故障诊断仪提示故障码来排除故障。

2. 电动汽车空调暖风系统的常见故障

电动汽车空调暖风系统的常见故障见表 3-3。

表 3-3　电动汽车空调暖风系统的常见故障

故障现象	故障原因	检测及排除措施
PTC 加热器不工作，设置启动功能后仍为凉风	冷暖模式设置不正确	检查冷暖模式设置是否为较暖方向
	PTC 加热器本体断路	拔下高压附件线束，测量 PTC 加热器高压正负极间电阻是否正常
	PTC 加热器控制回路断路	拔下高压附件线束，测量 PTC 加热器高压正负极间是否导通
	PTC 加热器内部短路，烧毁高压熔丝	更换 PTC 加热器及高压熔丝块
PTC 加热器过热，出风温度异常升高或能从空调出风口嗅到塑料焦煳气味	PTC 加热器控制模块损坏、粘连、不能正常断开	关闭制热功能，整车断电后检查 PTC 加热器及 PTC 加热器控制模

3.3.5　任务实施

实训题目	暖风机装置拆卸和安装				
工具					
班级		时间		地点	
内　　容					

Step1. 导学

车主反映新能源汽车冬天暖风出风温度低、车内制热效果不好，经检查暖风系统电路、开关均能正常工作，初步怀疑暖风机内部零件损坏或管路堵塞，需要将暖风机装置拆除并进行检修。

Step2. 信息

1. 作业前准备。

(1) 首先保证规范的着装；

(2) 在车辆周围应当拉设　__安全围挡__；

(3) 为了防止车辆着火，发生火灾，应当在作业前检查　__灭火器__；

(4) 在车辆前方需要放置　__安全警示牌__；

(5) 为了保证我们的安全，在工作前我们要准备好　__安全帽、绝缘手套、护目镜/面罩、绝缘鞋__　四件套。

2. 检查所需要用到的检修工具。

(1) 作业所需要用到的工具有：__毛巾、梅花扳手、螺丝刀、万用表__；

(2) 在作业前需要检查维修手册、电路图是否完备；

(3) 在作业前要测量绝缘地垫的绝缘电阻，测量的标准值应当是大于 20 MΩ。

3. 基本知识。

(1) 整套空调系统由压缩机、两台并联的蒸发器、一台冷凝器、连接管路及相关的附件组成；

(2) 空调系统使用 <u>HFC-134a(R134a)</u> 型制冷剂；

(3) 本空调系统<u>制冷剂、压缩机油以及零部件</u>与 CFC-12(R12)空调系统之间是<u>(可以/不可以)</u>互换的 。

注意：在补充或更换制冷剂及压缩机油和在更换零部件时，务必使用合适空调系统的材料或部件，只要有一件被错用，就会导致制冷剂渗漏，部件损坏或出现其他故障状态。

4. 暖风机装置拆卸和安装任务实施见下表。

程　序	现象记录
一、拆卸程序	
(1) 断开维修开关	显示现象 _____
(2) 拆开加热体接插件	显示现象 _____
(3) 拆除仪表板，从转向支架构件拆下线束，再拆去支架构件	显示现象 _____
(4) 拆开风机电机和电阻的插接件	显示现象 _____
(5) 拆除暖风机进气箱和前蒸发器	显示现象 _____
(6) 拆除暖风机装置	显示现象 _____
(7) 从装置中拉出电暖风发热体	显示现象 _____
二、安装程序	
(1) 用与拆卸操作相反的顺序，安装暖风机装置	显示现象 _____
(2) 调整控制拉索	显示现象 _____

Step3. 规划

1. 接受并解析用户委托书讨论如何与用户沟通，列出所有"问诊"话术，尽可能地得到"解决用户反映的问题"的线索。

2. 通过与用户沟通，收集车辆信息，询问故障现象的前后经过，确定工作内容。

_____

_____

_____

3. 小组讨论如何与用户沟通，告诉用户初步的解决方案、工作计划、条件许可时可预估维修预算和维修工时，形成海报并进行展示。

_____

_____

_____

Step4. 决策

根据与用户的交流信息及实车初步的功能检查所收集到的信息，在之前信息分析的海报上完善所列出的车辆暖风机装置拆卸安装操作流程。

_____

_____

_____

Step5. 执行

根据 Step4 罗列操作前的安全注意事项，决策所确定的流程完成下列各项(如不涉及可不填)。

1. 安全注意事项：_____

2. 工作方案：

_____

_____

_____

3. 场地、设备及车辆：

_____

_____

_____

4. 在组长的组织下完成执行过程记录，形成展示的海报。

_____

_____

_____

Step6. 检查

1. 检查车辆仪表的故障灯是否还亮；
2. 检查故障码是否已经完全清除；
3. 检查车辆其他功能是否正常；
4. 检查工具是否全部归位；
5. 检查设备是否全部归位；
6. 检查工作场地是否清洁；
7. 完成以上工作后，向"用户"解释故障原因的话术填写在下面。

_____

_____

_____

Step7. 评判

自我反思，发现自己的不足，对实操过程进行总结和评价。或者针对实操过程中其他组的同学表现进行评价，评价指标不限于以下内容：

评价内容	评价指标(各项满分 10 分)	评价结果
工具设备	工具使用规范：有落地扣 1 分，工具选用错误扣 1 分，工具摆放凌乱扣 1 分，工具未清洁扣 1 分	
流程掌握	流程漏项扣 1 分，流程错误扣 3 分，没有流程为 0 分	
交流互助	由于交流不到位导致工作不畅扣 1 分，实习过程中没有交流扣 1 分	
完成速度	第一得 10 分，第二得 8 分，第三得 7 分	
安全意识	在操作中出现安全隐患得分为 0，车辆保护未到位扣 2 分	

Step8. 系统化

通过老师对学习成果的总结，对预备知识和后续学习情景之间的联系进行记录，并记录下节课的学习任务。

拓展阅读

开启新能源汽车的节能之旅

在当今追求可持续发展的时代，新能源汽车正以其独特的魅力引领着出行方式的变革。它们不仅代表着科技创新的成果，更是节能与环保的先锋。新能源汽车，凭借着先进的电动技术，为我们带来了前所未有的节能优势。相较于传统燃油汽车，其能源利用率大幅提升。电能的转化效率更高，能够将更多的能量直接转化为车辆的动力，减少了能源在传输和转化过程中的损耗。

想象一下，当你驾驶着新能源汽车穿梭在城市的街道上，没有了燃油发动机的轰鸣声，只有静谧而高效的电动驱动。每一次加速和行驶，都在为节能减排贡献着力量。一辆新能源汽车在其生命周期内，可以减少大量的二氧化碳排放，为保护我们的地球家园添砖加瓦。

而且，新能源汽车的充电方式也为节能提供了更多可能。利用可再生能源进行充电，如太阳能、风能等，让车辆的能源来源更加清洁和绿色。在白天，太阳能板可以为车辆充电，将无尽的阳光转化为行驶的动力。这种能源的自给自足，不仅降低了对传统能源的依赖，也进一步减少了能源消耗和碳排放。

从使用成本的角度来看，新能源汽车也展现出了显著的节能优势。电能的价格相对较为稳定，且远低于燃油的价格。长期使用下来，能够为车主节省可观的开支。同时，新能源汽车的保养成本也相对较低，没有复杂的发动机和传动系统需要频繁维护。

此外，新能源汽车的智能科技也为节能增色不少。车辆配备的能量管理系统可以实时监测和优化能源的使用，根据路况和驾驶习惯自动调整动力输出，实现最佳的节能效果。许多新能源汽车还具备能量回收功能，在刹车和减速时将动能转化为电能储存起来，进一步提高能源的利用效率。

新能源汽车的发展，不仅是交通工具的变革，更是我们走向绿色未来的重要一步。它们以实际行动诠释着节能的理念，引领着我们走向更加环保、高效的出行时代。让我们积极拥抱新能源汽车，共同踏上这趟节能之旅，为创造一个更加美好的地球家园而努力。无论是为了我们的蓝天白云，还是为了子孙后代的可持续发展，新能源汽车都是我们当下最明智的选择。让我们携手共进，开启绿色出行的新篇章，让节能成为我们生活的常态，共同迈向一个更加美好的未来。

习题及思考题

一、填空题

1. 压缩机根据运动形式通常可分为_____和_____两大类。

2. 摇板式压缩机的气缸循环包括_____、_____、_____、_____等过程。

3. 冷凝器有_____、_____、_____三种结构形式。

4. 储液干燥器串联在冷凝器与膨胀阀之间的管路上，其作用为_____、_____、_____制冷剂中的杂质。

5. 电动汽车空调制冷控制系统由_____、_____和_____组成。

6. 车内温度传感器也称室内温度传感器，是自动空调的重要传感器之一，按照强导向气流方式不同，车内温度传感器可分为_____车内温度传感器和_____车内温度传感器两种。

7. 空调压力传感器安装在_____管路上，其作用是检测制冷管路系统压力。

8. 电动压缩机控制器根据 VCU 传来的_____、_____、鼓风机信号以及各种传感器传的_____、车外温度、_____等参数自动控制_____，从而调节蒸发器表面温度，并防止蒸发器表面结冰，达到调节空调制冷剂量的目的。

9. 整车控制器 VCU 通过数据总线_____、_____与空调压缩机控制器相连接，再由压缩机控制器控制空调压缩机的高压电源线 DC+与 DC-通断。

10. 在空调的使用过程中，剩余电量_____或者最大可放电功率小于_____时，VCU 会关闭空调，以防止动力蓄电池过放电。

二、选择题

1. 斜盘式压缩机缸体截面上均匀布置有五个气缸和五个双向活塞，当主轴旋转一周时、有(　　)次排气过程。

A. 一　　　　　　　　　　　　B. 五

C. 十　　　　　　　　　　　　D. 十五

2. 涡流式压缩机的整个工作过程是连续的，不断重复按顺序完成(　　)。

A. 吸气过程、压缩过程、排气过程

B. 吸气过程、压缩过程、膨胀过程

C. 膨胀过程、吸气过程、排气过程

D. 吸气过程、排气过程、膨胀过程

3. 蒸发器通常安装在仪表板后的风箱内，下列选项中(　　)不是其结构形式。

A. 管片式　　　　　　　　　　B. 管带式

C. 层叠式　　　　　　　　　　D. 平流式

4. 下列关于膨胀阀的描述中，错误的是(　　)。

A. 膨胀阀具有节流降压、自动调节、防止液击和过热等作用

B. 内平衡式热力膨胀阀安装在蒸发器的出口管上

C. H 形膨胀阀取消了外平衡管和感温包，直接与蒸发器进出口相连

D. 外平衡式热力膨胀阀通过外平衡管感受出口制冷剂压力

5. 从冷凝器来的液态制冷剂，经过滤网和干燥剂去除杂质和水分后，进入(   )。

A. 膨胀阀 　　　　　　　　　　B. 蒸发器

C. 压缩机 　　　　　　　　　　D. 散热器

6. 下列关于冷凝器拆装的说法中，描述错误的是(   )。

A. 冷凝器拆装前需要对制冷剂和冷冻机油进行回收

B. 松开冷凝器进、排气管螺母后，需迅速将进、排气管口密封

C. 冷凝器安装后需检查各连接处有无制冷剂泄漏

D. 更换新冷凝器后，用工具拧紧冷凝器固定螺栓即可

7. 下列选项中，(   )不是电动汽车空调制冷系统的组成部分。

A. 蒸发器 　　　　　　　　　　B. 电动压缩机

C. 电磁离合器 　　　　　　　　D. 鼓风机

8. 纯电动汽车空调压缩机靠(   )驱动。

A. 专门电动机 　　　　　　　　B. 整车驱动电动机

C. 发动机 　　　　　　　　　　D. 空调鼓风机电动机

9. 一辆电动汽车的空调系统不制冷，启动时压缩机有轻微抖动，电源电流有变化随后电流降为零，造成此故障的原因可能是(   )。

A. 欠压保护启动 　　　　　　　B. 压缩机卡滞、损坏

C. 电动机过流保护 　　　　　　D. 控制电源电压不足

10. 在空调启动的时候听到电动压缩机发出异响，下列选项中(   )不是造成电动压缩机异响的原因。

A. 电动机缺相 　　　　　　　　B. 过流保护启动

C. 插接件端子接触不良或松脱 　D. 缺少冷冻机油

三、判断题

1. 电动涡旋式压缩机完成吸气、压缩、排气的整个工作过程是间断的。　　　　(   )

2. 蒸发器的作用是让低温低压的液态制冷剂在其管道中吸热蒸发，使蒸发器和周围空气的温度降低。　　　　　　　　　　　　　　　　　　　　　　　　　　　(   )

3. 在拆装电动压缩机前不需要对系统内的制冷剂和冷冻机油进行回收。　　　(   )

4. 新能源汽车空调系统采用的压缩机为电动压缩机，其控制原理与传统空调压缩机相同。　　　　　　　　　　　　　　　　　　　　　　　　　　　　　　　　　(   )

5. 夏季汽车长时间停驻在高温环境下时，鼓风机可以立刻启动。　　　　　　(   )

6. 新能源汽车电动空调工作时，听不到电动压缩机启动的声音，而且仪表板上电源电流无变化，则能判断电动压缩机不工作。　　　　　　　　　　　　　　　　　(   )

7. 缺少冷冻机油时，电动压缩机能正常工作。　　　　　　　　　　　　　　(   )

8. 在对电动汽车空调制冷系统进行维修时，不需要戴绝缘手套。　　　　　　(   )

9. 冬天打开电动汽车空调制冷系统，电动压缩机可以正常工作。　　　　　　(   )

10. 鼓风机在启动时，工作电流会比稳定工作时大很多，为了防止烧坏鼓风机控制

装置，不论鼓风机目标转速多少，在鼓风机启动时为低速运转，然后才逐步升高至目标转速。　　　　　　　　　　　　　　　　　　　　　　　　　　　　　　　（　　）

四、简答题

1. 电动汽车空调制冷循环系统的组成与传统车辆的空调制冷循环系统的主要差别是什么？

2. 简述电动压缩机的欠电压和过电压保护。

3. 导致电动压缩机异响的故障原因有哪些？

项目 4　检修五菱 G100 汽车空调系统

项目描述

五菱 G100 汽车是五菱汽车股份有限公司的一款纯电动货运车。本项目介绍五菱 G100 汽车空调系统的配置、五菱 G100 汽车配套空调教学台架以及五菱 G100 汽车空调系统常见的故障诊断与检修方法。通过完成以上知识的学习，使学生了解五菱 G100 汽车空调系统的配置，熟悉五菱 G100 汽车配套空调教学台架以及掌握五菱 G100 汽车空调系统常见的故障诊断与检修方法。

任务 4.1　五菱 G100 汽车空调系统及常见故障检修

项目目标

知识目标	技能目标	素养目标
了解五菱 G100 汽车空调系统的配置	掌握五菱 G100 汽车空调系统常见的故障诊断与检修方法	培养学生团队协作精神，树立安全责任意识和自我提升意识

4.1.1　G100 电动汽车空调系统

在空调的主要零部件选用上，目前国内的电动汽车除了压缩机和控制模式不同，其他主要零部件还是沿用燃油汽车空调的零部件。冷凝设备主要用的是平行流冷凝器，蒸发设备主要用的是层叠式蒸发器，节流装置仍然是热力膨胀阀，制冷剂仍然是以 R134a 为主。蒸发器采用了 RS(改良型条状)蒸发器。在蒸发器装置的顶部和底部有储液罐并使用了微孔管结构，从而达到增强了导热性、散热更集中、使蒸发器更薄的效果。为了减少异味和细菌的滋生，蒸发器上涂抹了一层含有灭菌剂的树脂，在这层树脂的下面是一层保护蒸发器的铬酸盐自由层。

暖风机芯采用 SFA(直吹铝制)暖风机芯，与传统 SFA 暖风机芯是同样的直吹(全程吹风)型暖风机芯，但是此暖风机芯采用了密集暖风机芯结构，从而达到紧凑、高效的性能。PTC暖风机包含在中间插有 PTC 元件的电极，电流通过 PTC 元件来加热流经散热片的空气。

冷凝器的冷却循环系统采用了分级制冷循环，这样，导热性增强。分级制冷循环分为冷凝和超冷两部分，并在两者之间有一个液气分离器(调节器)。经过调节器的液体制冷剂在超冷部分被再次冷却，增加了制冷剂自身的冷却容量，从而可以得到高效的制冷性能。

G100 车型暖风和通风设备包括控制杆、风机电机、电暖风发热体以及空气管道等主要部件。风机电机将空气送到车内，电暖风发热体通电后加热空气，提供热风。控制旋钮或控制杆控制风机电机速度、空气温度及空气排出方向。G100 车型的空调结构如图 4-1 所示。

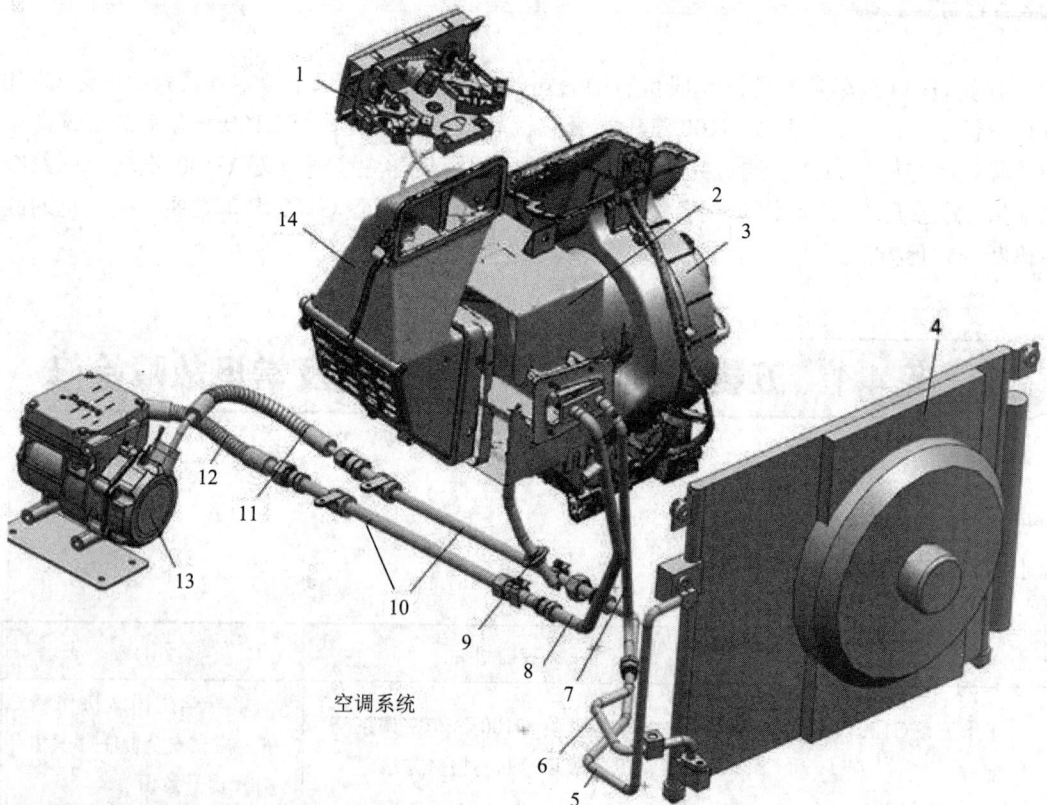

1—空调控制器总成；2—前蒸发器总成；3—暖风机总成；4—冷凝器总成；5—冷凝器进口管；
6—冷凝器出口管；7—前蒸发器进口管；8—前蒸发器出口管；9—排水密封圈；10—气态硬管组件；
11—高压管总成；12—低压管总成；13—电动压缩机总成；14—内外气转换箱。

图 4-1　G100 车型空调结构

1. G100 空调面板认识

G100 车型的空调面板如图 4-2 所示。

图 4-2　G100 车型的空调面板

1) 出风方式选择旋钮

(面部部位)气流向乘员上部吹送。

(腿/面部部位)气流向乘员腿部和上部吹送。

(腿部部位)气流吹向前后脚区。

(除霜/腿部)气流吹向挡风玻璃除霜和吹向腿部。

(除霜)气流吹向挡风玻璃，除霜。

2) 温度控制旋钮

控制冷暖风的温度(蓝色为冷风，红色为暖风)。

3) 空气循环选择拨杆

(内循环部位)拨杆在此位置时，车内空气循环。

(外循环)旋钮在此位置时，外部空气进入驾驶室。

2. G100 空调系统的组成

1) G100 空调电动压缩机总成

空调压缩机控制器将高压直流电转换成三相交流电而驱动空调压缩机。冷冻机油为 ZEROL ESTER 68SL，100 ml，转速 2000～6000 r/m，电压范围 DC 220～425 V，排量为 18 CC。空调压缩机总成如图 4-3 所示。

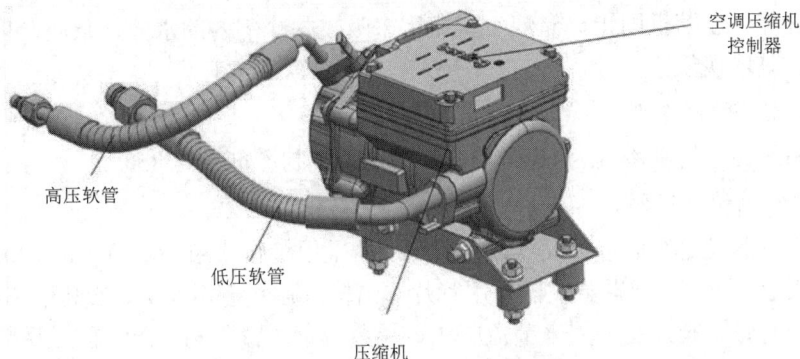

图 4-3　G100 空调压缩机总成

2) G100 电动压缩机总成线束连接

电动压缩机上连接着两个线束插接件，一个是来自三合一辅驱系统的高压电缆(正负极线)，一个是 4 根线的低压线束(电源线、搭铁线和 CAN 网络线)。CAN 网络线 CAN-L(白色线)电压：2.45 V，CAN-H(绿色线)电压：2.61 V，如图 4-4 所示。

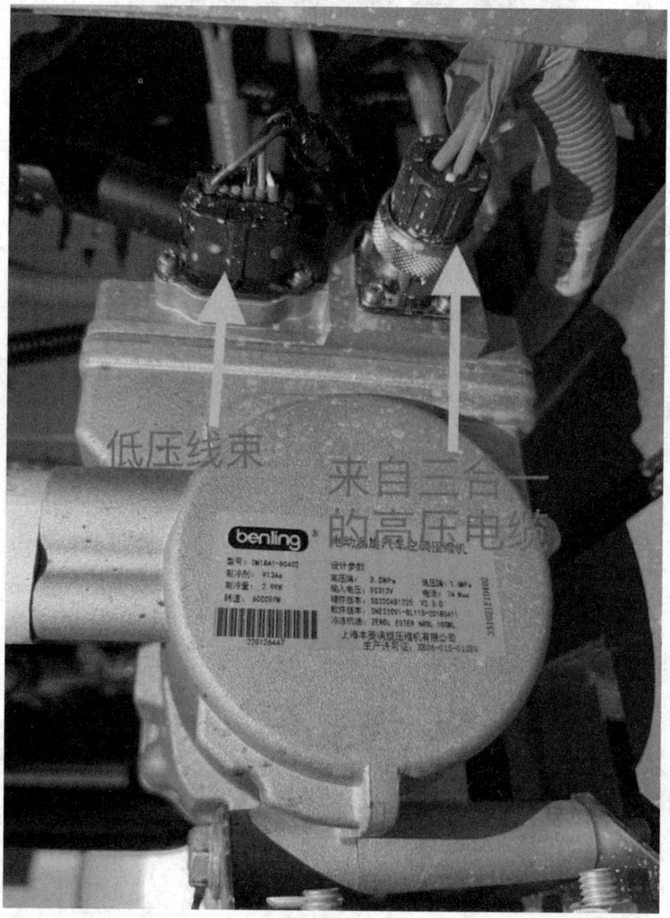

图 4-4　G100 电动压缩机总成线束连接

3) G100 空调的冷凝器

本空调系统冷凝器总成位于车头部，附有冷凝风扇(电动 12 V、80 W)、储液干燥瓶，冷凝风扇的开停与压缩机同步，储液干燥瓶用来吸收制冷剂内的水分、杂质，以防空调系统出现冰堵、脏堵现象。

4) G100 空调的制冷剂

本空调系统使用的制冷剂为 HFC-134a，整个系统制冷剂量约 850 g。

5) G100 空调的蒸发器

本空调系统蒸发器有前置蒸发器，前置蒸发器采用管带式结构，制冷量 2400 W，安装于驾驶室仪表板右下侧；顶置蒸发器采用管片式结构，制冷量 1400 W，安装于车身顶棚处。两蒸发器内均有膨胀阀，主要用来节流降压，调节流量；膨胀阀在出厂前已调整好，一般不得再调整。

6) G100 空调的蒸发器温控开关

蒸发器温控开关安装于副驾驶前方偏左侧位置，总共连接有 5 根线，其中有 2 根是温度传感器的线束。温度传感器常温下电阻值为：1.25 kΩ。如图 4-5 所示。

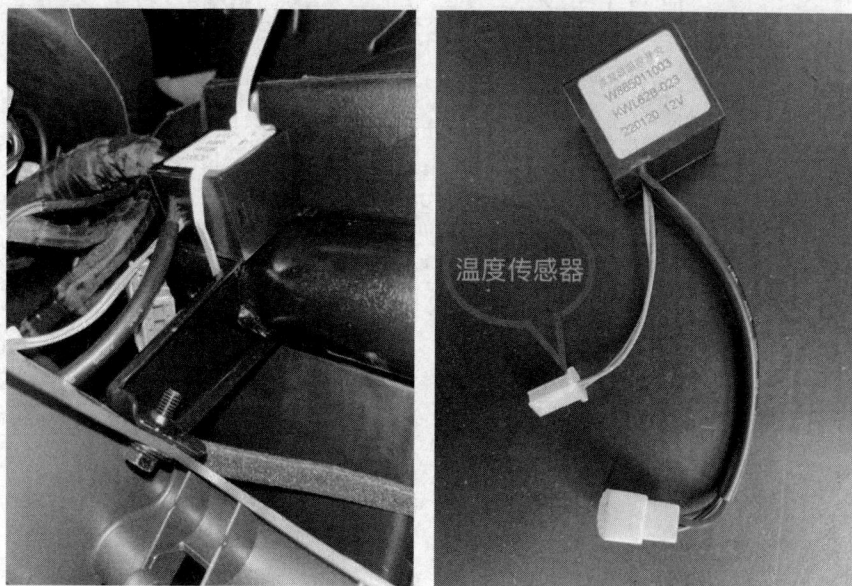

图 4-5　蒸发器温控开关

空调系统性能参数如表 4-1 所示。

表 4-1　空调系统性能参数

项　目	参　数	备　注
暖风发热体功率	2 kW	
发热元件电压	336 V	
电机电压	12 V DC	
电机功率	90 W	
电机转速	≥3600 r/m	
系统出风量	≥270 m³/h	
系统噪声	≤65 dB	

3. G100 空调电控系统的特点

(1) 此套空调系统仅用于电动微型客车，空调的开停及调节由电动压缩机控制器完成。

(2) 电控系统除控制器外，主要由温度传感器、A/C 开关、压力开关等组成。

(3) A/C 开关装于仪表板上。

(4) 压力开关用于空调系统保护，以防压缩机损坏；温度传感器用于控制蒸发器的出风温度。

4. G100 空调的电路

G100 型新能源电动汽车的空调系统电路原理图如图 4-6 所示。

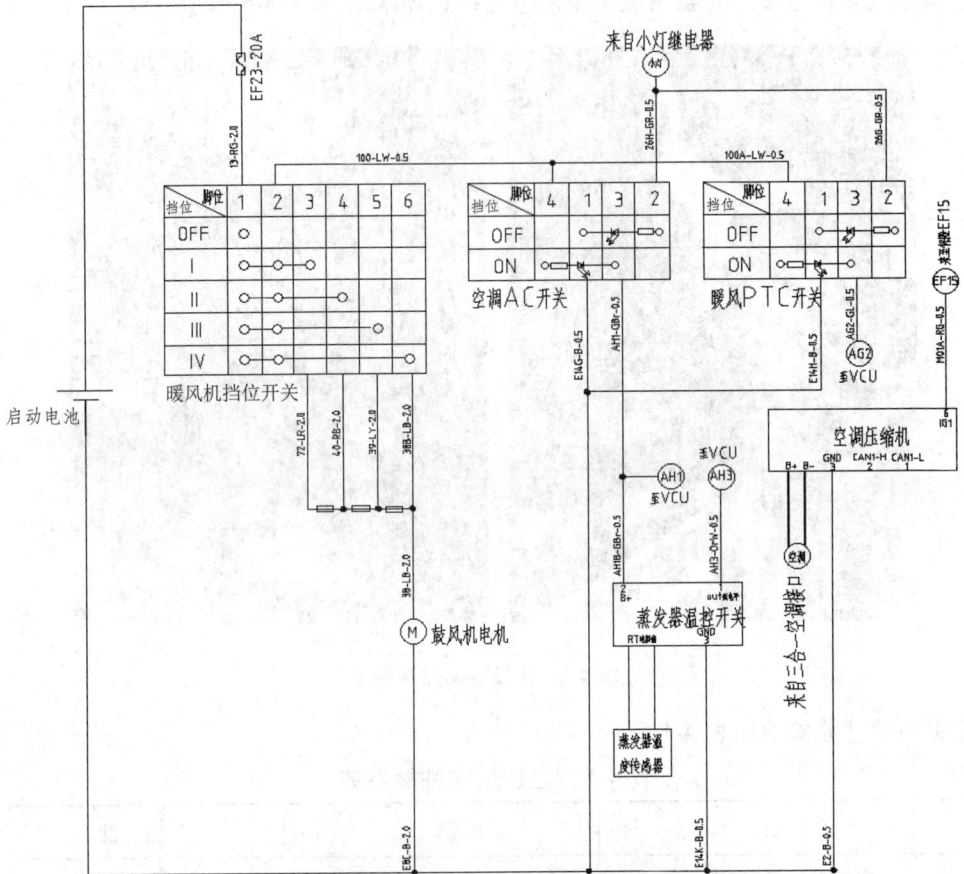

图 4-6　G100 车型空调电路原理图

G100 空调正常工作时，仪表上显示 3~4 A 的工作电流，如图 4-7 所示。

图 4-7　G100 空调正常工作时的仪表显示

5. G100 空调系统的使用注意事项

(1) 是否将 A/C 制冷开关与 PTC 暖风开关同时按下；如果是，则空调制冷无法工作；暖风同理。

(2) 正确的空调开启操作是：确认 PTC 开关弹起，按下 A/C 空调开关，旋转风量大小，即可启动。

4.1.2　五菱 G100 配套空调教学台架

1. 台架简介

1) 台架组成

台架组成如图 4-8、图 4-9 所示。

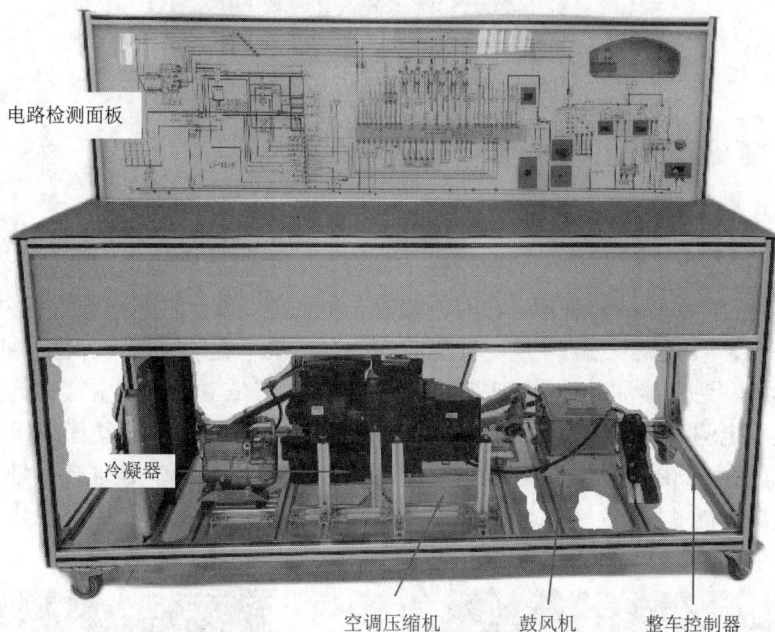

图 4-8　空调系统台架的正面图

图 4-9　空调系统台架的背面图

2) 台架主要部件简介

(1) 整车控制器(VCU)功能介绍。整车控制器(Vehicle Control Unit，简称 VCU)是一种汽车电子控制单元，如图 4-10 所示，它在现代汽车中起着关键的作用。VCU 主要负责整合和协调车辆的各个子系统，以实现车辆的全面控制和管理。VCU 通常由以下几个主要组件组成：中央处理器、输入输出接口、数据总线、控制算法和逻辑。整车控制系统具有以下几个主要功能和特点：车辆动力管理，制动控制，转向和悬挂控制，故障诊断和故障代码读取，数据记录和通信。

图 4-10　整车控制器 VCU

VCU 作为汽车电子控制单元的关键组成部分，起着整合和协调车辆各个子系统的作用，以实现车辆的全面控制和管理。它对于提升车辆性能、安全性和可靠性起着重要作用。

(2) 辅驱三合一。辅驱三合一是一种集成式的电动汽车驱动系统，如图 4-11、4-12 所示。它将电动机、逆变器和差速器集成在一个单元中。它是电动汽车中常见的驱动系统之一，也称为集成电驱动系统(Integrated Electric Drive System)或电动驱动模块(Electric Drive Module)。辅驱三合一由以下几个主要组件组成：电动机、逆变器、差速器。辅驱三合一具有以下几个主要功能和特点：集成化设计，效率和性能提升，重量和成本优化，可靠性和维护性高。

图 4-11　辅驱三合一

图 4-12　辅驱三合一内部结构图

总而言之，辅驱三合一是一种集成式的电动汽车驱动系统，通过将电动机、逆变器和差速器集成在一个单元中，实现了空间节省、效率提升和成本优化等优点。它在电动汽车领域得到广泛应用，为电动汽车的驱动性能和可靠性提供了有效的解决方案。

(3) 鼓风机。在空调系统中，鼓风机(Blower)是一个重要的组件，负责将空气从车内或车外经过空调系统的蒸发器(Evaporator)或加热器(Heater)进行处理，并通过通风孔或空调出风口将处理后的空气送入车内。鼓风机通过产生气流来调节车内的温度、湿度和空气流通。鼓风机具有以下几个主要功能和特点：空气循环，温度控制，湿度调节，风速调节，除霜功能。鼓风机如图 4-13 所示。

图 4-13　鼓风机

总而言之，鼓风机在空调系统中起着关键的作用，通过产生气流和调节空气流动，实现温度控制、湿度调节和空气循环。它是保证车内舒适度和空调系统正常运行的重要组件之一。

(4) 空调压缩机。汽车空调系统中的空调压缩机(Air Conditioning Compressor)是空调系统的关键组件之一，它承担着将制冷剂压缩和循环的重要任务。空调压缩机首先通过压缩制冷剂，将其转化为高压高温的气体，然后将气体送入冷凝器(Condenser)进行冷却。空调压缩机具有以下几个主要功能和特点：制冷剂压缩，制冷剂循环，压力调节，传动方式，控制和保护汽车空调系统。空调压缩机如图 4-14 所示。

图 4-14　空调压缩机

总而言之，空调压缩机在汽车空调系统中起着至关重要的作用，通过压缩制冷剂，将其转化为高压高温气体，并推动制冷剂的循环流动。它是实现汽车空调功能的关键组件之一，为车内提供舒适的冷气。

(5) 冷凝器总成。汽车空调系统中的冷凝器总成(Condenser Assembly)是空调系统的关键组件之一，用于冷却和凝结压缩机中高温高压的气体制冷剂。空调冷凝器总成主要作用是将通过压缩机压缩的制冷剂中的热量释放到外部环境，使其变为高压液体。空调冷凝器总成具有以下几个主要功能和特点：冷却和凝结制冷剂，热量传递，系统压力调节，防止制冷剂泄漏，冷却风扇。空调冷凝器总成如图 4-15 所示。

图 4-15　空调冷凝器总成

总而言之，空调冷凝器总成是汽车空调系统中的重要组件，通过冷却和凝结高温高压的制冷剂，将其转化为高压液体。它通过热交换和热量传递，将制冷剂中的热量释放到外部环境中，并确保空调系统的正常运行和高效冷却效果。

2. 五菱台架的线束使用

每一个插头的连接需要与台架上的部件插接件插座一一对应。

(1) 整车控制器(VCU)线束如图 4-16 所示。

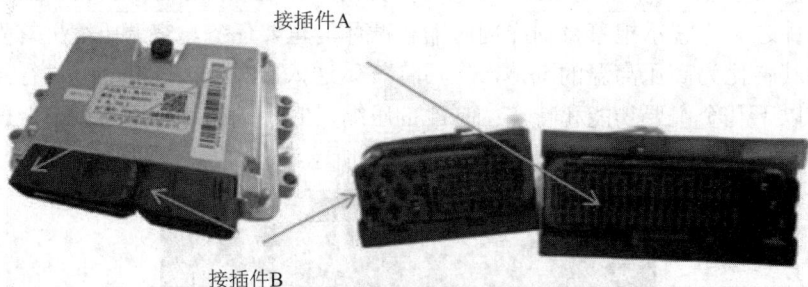

接插件A

接插件B

图 4-16　整车控制器线束

VCU 接插件公端和母端要一一对应，VCU 接插件正确连接，如图 4-17 所示。

图 4-17　VCU 正确连接示意图

(2) 辅驱三合一线束如图 4-18 所示。

空调线束　　　　　　　　　　　　　　　　PTC线束

图 4-18　辅驱三合一线束

(3) 空调压缩机电源及通信线束如图 4-19 所示。

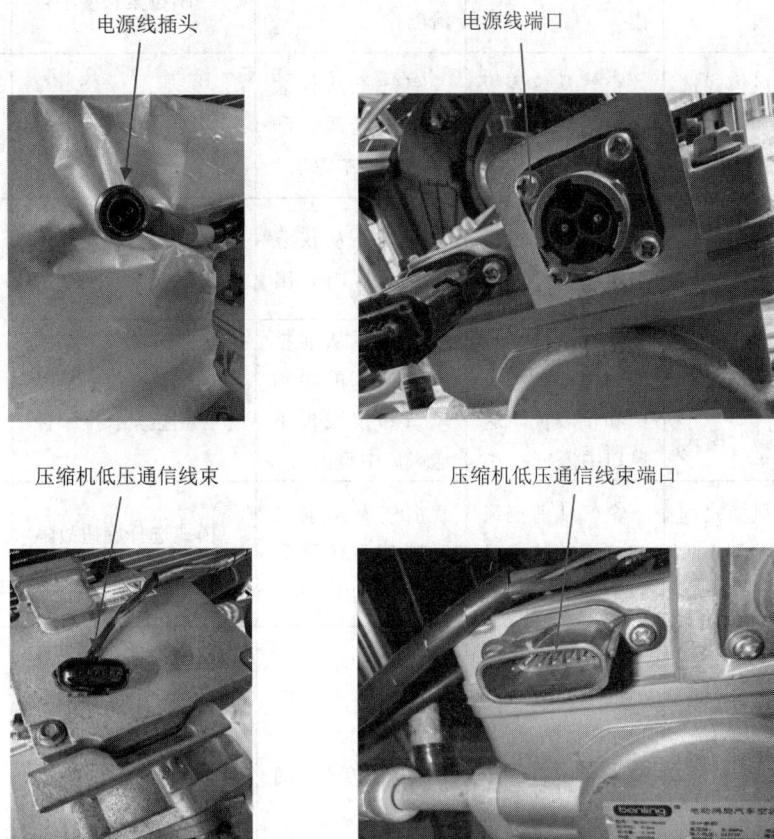

电源线插头　　　　　　　　　　　　电源线端口

压缩机低压通信线束　　　　　　压缩机低压通信线束端口

图 4-19　空调压缩机电源及通信线束

4.1.3　五菱G100汽车空调系统故障检修

1. 供暖、通风和风扇电机控制系统检修

五菱G100汽车空调系统供暖、通风和风扇电机控制系统检修见表4-2。

表 4-2　供暖、通风和风扇电机控制系统检修

步骤	措施	正常结果	异常结果	原因	处理方法
1	将点火开关置于ON位置，把暖风机开关从OFF调到Ⅰ、Ⅱ、Ⅲ位置	暖风机马达从OFF开始以越来越快的速度运转	暖风机马达在任何速度下都不能工作	风机保险丝熔断风机电阻工作不正常风机电机工作不正常线路或接地故障	更换更换更换修理
			暖风机马达仅在高速度下工作	风机电阻工作不正常	更换或修理
2	把通风模式选择旋钮调到"吹脸"模式	空气从仪表板中央送风口中流出	空气不从仪表板中央送风口中流出	模式选择旋钮故障控制拉索长度不合	更换或维修更换
3	把通风模式选择旋钮调到"吹脸、吹脚"模式	空气从仪表板中央送风口和下送风口中流出	空气不从仪表板中央送风口和下送风口中流出	模式选择旋钮故障控制拉索长度不合	更换或维修更换
4	把通风模式选择旋钮调到"吹脚"模式	空气从仪表板下送风口中流出	空气不从仪表板下送风口中流出	模式选择旋钮故障控制拉索长度不合	更换或维修更换
5	把通风模式选择旋钮调到"除霜、吹脚"模式	空气从前挡风玻璃下的除霜风口和仪表板下送风口中流出	空气不从前挡风玻璃下的除霜风口和仪表板下送风口中流出	模式选择旋钮故障控制拉索长度不合	更换或维修更换
6	把通风模式选择旋钮调到"除霜"模式	空气从前挡风玻璃下的除霜风口中流出	空气不从前挡风玻璃下的除霜风口中流出	模式选择旋钮故障控制拉索长度不合	更换或维修更换
7	将冷暖风选择旋钮分别旋至最冷"蓝色"和最热"红色"	当旋钮旋至蓝色区域，有冷风吹出	输出温度不正确	控制拉索破裂或弯曲气管被堵塞	检查拉索修理气管
		当旋钮旋至红色区域，按下加热开关，有暖风吹出		电暖风发热体故障	更换电暖风发热体

2. 空调系统常见故障诊断

空调系统常见故障诊断见表 4-3。

表 4-3　空调系统常见故障诊断

故　障	原　因	处　理　方　法
不出冷风(空调系统工作不正常)	空调系统不工作 无制冷剂 保险丝烧断 空调及风扇电机开关故障 空调热敏电阻故障 高低压保护开关故障 空调继电器故障 线路或接地故障	回收、抽空及充注制冷剂 检查保险，检查是否短路 检查空调及风扇电机开关 检查空调热敏电阻 检查高低压保护开关 检查空调继电器 按需要修理
	压缩机不工作(不运转) 空调控制器故障 压缩机故障	检查空调控制器 检查压缩机
	冷凝器电子扇不工作 冷凝器电子扇继电器故障 线路或接地故障 空调冷凝器风扇电机故障	检查冷凝器电子扇继电器 按需要修理 检查冷凝器风扇电机
不出冷风或制冷效果不好(空调系统运转正常)	制冷剂补充不足或过量 冷凝器堵塞 蒸发器堵塞或冻结 膨胀阀故障 贮液干燥器故障	检查制冷剂补充量，检查泄漏量 检查冷凝器 检查蒸发器和热敏电阻 检查膨胀阀 检查贮液干燥器
不出冷风或冷气不足(空调系统运转正常)	压缩机故障 空调系统内有空气 暖风机故障 空调系统中压缩机油过多	检查压缩机 更换贮液干燥器并重新充注 检查暖风机 排放空调系统中的压缩机油
冷气时断时续	线路连接有问题 膨胀阀故障 空调系统内湿度过度潮湿 制冷剂充注过量	必要时修理 检查膨胀阀 更换贮液干燥器并重新充注 检查制冷剂充注量
只在高速运转时出冷气	冷凝器堵塞 制冷剂补充不够 空调系统内有空气 压缩机故障	检查冷凝器 检查补充制冷剂 更换贮液干燥器并重新充注 检查压缩机
仅在高速运转时不出冷气	制冷剂补充过量 蒸发器冻结	检查制冷剂量 检查蒸发器和空调热敏电阻
冷气风力不足	蒸发器堵塞或冻结 暖风机电机故障 线路或接地故障	检查蒸发器和空调热敏电阻 检查暖风机 必要时修理

4.1.4　任务实施

实训题目	空调电动压缩机总成的拆卸与安装		
工具			
班级	时间		地点
内　　容			

Step1.　导学

空调电动压缩机总成的拆卸与安装，导学修改为：车主反应说新能源汽车夏天开空调不制冷，经检查发现系统电路、开关均能正常工作，空调系统电动压缩机工作存在异常，需将电动压缩机拆除检查。

Step2.　信息

1. 作业前准备。

(1) 首先保证规范的着装；

(2) 在车辆周围应当拉设　安全围挡　；

(3) 为了防止车辆着火，发生火灾，应当在作业前检查　灭火器　；

(4) 在车辆前方需要放置　安全警示牌　；

(5) 为了保证我们的安全，在工作前我们要准备好　安全帽、绝缘手套、护目镜/面罩、绝缘鞋　四件套。

2. 检查所需要用到的检修工具。

(1) 作业所需要用到的工具有：毛巾、梅花扳手、螺丝刀、万用表　；

(2) 在作业前需要检查维修手册、电路图是否完备；

(3) 在作业前要测量绝缘地垫的绝缘电阻，测量的标准值应当是大于 20 MΩ。

3. 基本知识。

(1) 整套空调系统由压缩机、两台并联的蒸发器、一台冷凝器、连接管路及相关的附件组成；

(2) 空调系统使用 HFC-134a(R134a)型制冷剂；

(3) 本空调系统制冷剂、压缩机油以及零部件与 CFC-12(R12)空调系统之间是(可以/不可以)互换的　。

注意：在补充或更换制冷剂及压缩机油和在更换零部件时，务必令使用的材料或部件适用于装在正在被维修的汽车内的空调，只要有一件被错用，就会导致制冷剂渗漏，部件损坏或其他故障状态。

4. 电动压缩机总成的拆卸与安装任务实施如下表。

程　序	现象记录
一、拆卸程序	
(1) 泄放空调系统	显示现象 ＿＿＿＿＿＿＿＿
(2) 举升车辆并拆卸护板	显示现象 ＿＿＿＿＿＿＿＿
(3) 用扳手在压缩机上拆卸吸气软管	显示现象 ＿＿＿＿＿＿＿＿
(4) 用扳手在压缩机上拆卸排气软管	显示现象 ＿＿＿＿＿＿＿＿
(5) 拆卸压缩机安装螺栓，拆下压缩机	显示现象 ＿＿＿＿＿＿＿＿
二、安装程序	
(1) 将压缩机安装到压缩机支架上，预紧螺栓	显示现象 ＿＿＿＿＿＿＿＿
(2) 紧固压缩机安装螺栓 20-25N·m	显示现象 ＿＿＿＿＿＿＿＿
(3) 将吸气软管和排气软管安装到压缩机上，上紧吸气软管和排气软管安装螺栓； 紧固力矩； 压缩机吸气软管安装螺栓 32-28 N·m； 压缩机排气软管安装螺栓 22-28 N·m	显示现象 ＿＿＿＿＿＿＿＿
(4) 安装护板	显示现象 ＿＿＿＿＿＿＿＿

Step3. 规划

1. 接受并解析用户委托书讨论如何与用户沟通，列出所有"问诊"话术，尽可能地得到"解决用户反映的问题"的线索。

2. 通过与用户沟通，收集车辆信息，询问故障现象的前后经过，确定工作内容。

＿＿＿＿＿＿＿＿＿＿＿＿＿＿＿＿＿＿＿＿＿＿＿＿＿＿＿＿＿＿＿

＿＿＿＿＿＿＿＿＿＿＿＿＿＿＿＿＿＿＿＿＿＿＿＿＿＿＿＿＿＿＿

＿＿＿＿＿＿＿＿＿＿＿＿＿＿＿＿＿＿＿＿＿＿＿＿＿＿＿＿＿＿＿

＿＿＿＿＿＿＿＿＿＿＿＿＿＿＿＿＿＿＿＿＿＿＿＿＿＿＿＿＿＿＿

3. 小组讨论如何与用户沟通，告诉用户初步的解决方案、工作计划、条件许可时可预估维修预算和维修工时。形成海报并进行展示。

＿＿＿＿＿＿＿＿＿＿＿＿＿＿＿＿＿＿＿＿＿＿＿＿＿＿＿＿＿＿＿

＿＿＿＿＿＿＿＿＿＿＿＿＿＿＿＿＿＿＿＿＿＿＿＿＿＿＿＿＿＿＿

＿＿＿＿＿＿＿＿＿＿＿＿＿＿＿＿＿＿＿＿＿＿＿＿＿＿＿＿＿＿＿

＿＿＿＿＿＿＿＿＿＿＿＿＿＿＿＿＿＿＿＿＿＿＿＿＿＿＿＿＿＿＿

Step4. 决策

根据与用户的交流信息及实车初步的功能检查所收集到的信息，在之前信息分析的海报上完善所列出的车辆电动压缩机总成拆卸操作流程。

_____

_____

_____

_____

Step5. 执行

根据 Step4.罗列操作前的安全注意事项，决策所确定的流程完成下列各项(如不涉及可不填)。

1. 安全注意事项：_____

_____

2. 工作方案：

_____

_____

_____

_____

3. 场地、设备及车辆：

_____

_____

_____

_____

4. 在组长的组织下完成执行过程记录，形成展示的海报。

_____

_____

_____

_____

Step6. 检查

1. 检查车辆仪表的故障灯是否还亮；

2. 检查故障码是否已经完全清除;

3. 检查车辆其他功能是否正常;

4. 检查工具是否全部归位;

5. 检查设备是否全部归位;

6. 检查工作场地是否清洁;

7. 完成以上工作后,向"用户"解释故障原因的话术填写在下面。

_____

_____

_____

Step7. 评判

自我反思,发现自己的不足,对实操过程进行总结和评价。或者针对实操过程中其他组的同学表现进行评价,评价指标不限于以下内容。

评价内容	评价指标(各项满分 10 分)	评价结果
工具设备	工具使用规范:有落地扣 1 分,工具选用错误扣 1 分,工具摆放凌乱扣 1 分,工具未清洁扣 1 分	
流程掌握	流程漏项扣 1 分,流程错误扣 3 分,没有流程为 0 分	
交流互助	由于交流不到位而导致工作不畅扣 1 分,实习过程中没有交流扣 1 分	
完成速度	第一得 10 分,第二得 8 分,第三得 7 分	
安全意识	在操作中出现安全隐患得分为 0,车辆保护未到位扣 2 分	

Step8. 系统化

通过老师对学习成果的总结,对预备知识和后续学习情景之间的联系进行记录,并记录下节课的学习任务。

拓展阅读

新能源汽车空调，绿色出行的舒适之选

在当今的汽车领域，新能源汽车正以其卓越的性能和创新的科技引领着未来出行的方向。而在这其中，新能源汽车空调系统更是展现出了非凡的魅力与价值。

新能源汽车空调，是先进科技与精湛工艺的完美结晶。它以其高效的运作模式，为车内环境带来精准而舒适的温度调节。无论是酷热难耐的盛夏，还是严寒刺骨的隆冬，它都能迅速响应，让车内始终保持宜人的气候。

采用了最前沿的技术，新能源汽车空调的电动压缩机具备强大的动力和出色的节能特性。它不仅能够在瞬间输出强劲的制冷或制热效果，更能在保证性能的同时，最大限度地减少能源消耗，为车辆的续航里程提供有力保障。

其智能控制系统更是一大亮点。通过先进的传感器和精密的算法，它能够实时感知车内的温度、湿度以及空气质量等参数，并自动进行优化调节。这种智能化的运作模式，让驾驶者无须繁琐操作，即可享受始终如一的舒适体验。

新能源汽车空调对空气质量的重视也达到了新的高度。配备高效的空气过滤系统，能够有效去除空气中的细微颗粒物、有害气体以及过敏原等，为乘客的健康筑起坚实的防线。在车内，仿佛置身于一个清新纯净的空气保护区，让每一次呼吸都成为一种享受。

不仅如此，新能源汽车空调还充分考虑到了用户的个性化需求。它提供多种模式选择，无论是温和的微风模式，还是强劲的快速制冷制热模式，都能满足不同场景下的使用要求。同时，其静音设计让车内环境始终保持宁静，让乘客在静谧中享受舒适之旅。

在环保方面，新能源汽车空调更是当仁不让。它的运行不会产生额外的尾气排放，对环境友好亲和。这不仅体现了新能源汽车的绿色理念，更是对地球可持续发展的积极贡献。

新能源汽车空调，是汽车科技进步的生动体现，是为驾驶者和乘客精心打造的舒适之选。它以其卓越的性能、智能的控制、对健康的呵护以及对环保的担当，成为了新能源汽车不可或缺的重要组成部分。选择新能源汽车空调，就是选择一种高品质的出行生活方式，就是拥抱未来科技所带来的无限可能。让我们共同感受新能源汽车空调带来的舒适与便捷，一同迈向更加美好的出行未来！

习　　题

1. 电动汽车空调制冷循环系统的组成与传统车辆的空调制冷循环系统的主要差别是什么？
2. 简述 G100 电动空调的结构组成。
3. 简述 G100 空调的电控系统的主要组成。
4. 简述 G100 空调的电路原理。

参 考 文 献

[1] 徐继勇. 新能源汽车空调检测与维修[M]. 北京：中国劳动社会保障出版社，2020.

[2] 魏莹，郑军武，张胜龙. 新能源汽车空调技术[M]. 上海：同济大学出版社，2020.

[3] 凌永成. 汽车空调技术[M]. 2 版. 北京：机械工业出版社，2020.

[4] 姜继文. 汽车空调结构与检修[M]. 合肥：中国科学技术大学出版社，2015.

[5] 欧阳和平. 新能源汽车电动空调压缩机典型故障分析与维修工艺：以北汽新能源汽车为例[J]. 汽车维修，2022(8).

[6] 严诗杰. 新能源汽车 CO_2 热泵空调管性能实验研究[J]. 制冷技术，2022(4).

[7] 汪琳琳，焦鹏飞，王伟，等. 新能源电动汽车低温热泵型空调系统研究[J]. 汽车工程，2020(12).

[8] 曹汝恒，刘松，张书义，等. 新能源汽车空调系统的现状及发展趋势[J]. 汽车实用技术，2016(6).